MIT MONTESSORI SPIELERISCH DIE WELT ENTDECKEN

MIT MONTESSORI SPIELERISCH DIE WELT ENTDECKEN

SINNESWAHRNEHMUNG, MOTORISCHE FÄHIGKEITEN UND KOMPETENZEN FÜR DEN ALLTAG

MAJA PITAMIC

mvgverlag

Bibliografische Information der Deutschen Nationalbibliothek
Die Deutsche Nationalbibliothek verzeichnet diese Publikation in der Deutschen Nationalbibliografie. Detaillierte bibliografische Daten sind im Internet über https://dnb.de abrufbar.

Für Fragen und Anregungen
info@mvg-verlag.de

1. Auflage 2023

Türkenstraße 89
80799 München
Tel.: 089 651285-0
Fax: 089 652096

Wichtige Hinweise
Ausschließlich zum Zweck der besseren Lesbarkeit wurde auf eine genderspezifische Schreibweise sowie eine Mehrfachbezeichnung verzichtet. Alle personenbezogenen Bezeichnungen sind somit geschlechtsneutral zu verstehen.

Übersetzung: Annika Tschöpe
Redaktion: Petra Holzmann
Umschlaggestaltung: Monika Tomaszewska, dem Original nachempfunden
Umschlagabbildung und Illustrationen Innenteil: Isabel Alberdi
Design: Louise Leffler
Satz: inpunkt[w]o, Halger (www.inpunktwo.de)
Printed in Dubai

ISBN Print 978-3-7474-0517-8
ISBN E-Book (PDF) 978-3-96121-932-2
ISBN E-Book (EPUB, Mobi) 978-3-96121-933-9

Wir produzieren nachhaltig
www.m-vg.de

S. 5, 81 Alamy by ephotocorp; S. 6, 83 Alamy by ephotocorp; S. 7, 87 GettyImages by Marcy Maloy; S. 7, 68, 95 GettyImages by PhotoAlto/Odilon Dimier; S. 8 Shutterstock by Dmitry Naumov; S. 14, 25 GettyImages by Razvan Ciuca; S. 14, 65 Alamy by Folio Images; S. 14, 35 GettyImages by Ryan McVay; S. 68, 96 Alamy by Age Fotostock; S. 68, 91 GettyImages by ViewStock; S. 73 GettyImages by JR Carvey/Streetfly Studio; S. 103 Ellie Smith; S. 113 Shutterstock by Just Dance; S. 116, 132 GettyImages by Jamie Grill; S. 116, 141 GettyImages Jose Luis Pelaez Inc; S. 116, 153 GettyImages by Tatiana Kolesnikova; S. 119 Alamy by Image Source / Alamy Stock Photo; S. 123 Alamy by ONOKY - Photononstop / Alamy Stock Photo; S. 127 Alamy by Tetra Images / Alamy Stock Photo; S. 130 GettyImages by MoMo Productions; S. 135 Shutterstock by Halfpoint; S. 136 Shutterstock by N_Belonogov; S. 138 GettyImages by Rubberball/Jessica Peterson; S. 143 Shutterstock by Pair Srinrat; S. 159 Alamy by Jozef Polc / Alamy Stock Photo; S. 161 GettyImages by thebang; S. 171 Shutterstock by LStockStudio

INHALT

1: Die Sinne entwickeln

2: Motorische Fähigkeiten

3: Kompetenzen für den Alltag

ÜBER MONTESSORI

Maria Montessori kam 1870 in Rom zur Welt und promovierte als eine der ersten Frauen an der Universität Rom in Medizin. 1907 öffnete unter ihrer Leitung die erste Casa dei Bambini, eine Tagesstätte für Kinder aus sozial schwachen Familien. Hier entwickelte Montessori ihre berühmt gewordene Lehrmethode. Das vielleicht Revolutionärste an Montessoris Konzept war die große Bedeutung, die sie der Umgebung zuschrieb, in der Kinder lernen. Sie erkannte, dass Kinder ein kindgerechtes Umfeld brauchen, um sich entfalten und Selbstwertgefühl entwickeln zu können.

Montessori selbst betonte stets, sie habe keine Lehrmethode entwickelt, ihr Konzept sei vielmehr durch die genaue Beobachtung der Kinder entstanden. Ihre Prinzipien orientieren sich an den Bedürfnissen des Kindes – seinem Bedürfnis nach Selbstständigkeit, nach Spaß beim Lernen, nach Ordnung, dem Bedürfnis, respektiert und gehört zu werden und die Wirklichkeit ebenso zu erforschen wie die Fiktion. Diese Bedürfnisse sind heute so aktuell wie 1909, als sie zum ersten Mal beobachtet wurden.

SO BENUTZEN SIE DIESES BUCH

Dieses Buch beruht auf dem Prinzip »Lernen durch Erfahren«, das zu den Grundsätzen der Montessori-Pädagogik zählt – doch keine Sorge, Sie müssen sich zu Hause keinen Montessori-Raum einrichten. Sie müssen auch nicht fürchten, dass Ihnen das pädagogische Wissen fehlt. Die Übungen sind schnell vorbereitet, und benötigen nur Alltagsmaterialien.

Auf der gegenüberliegenden Seite ist genau beschrieben, wie Sie vorgehen sollten, wenn Sie Ihrem Kind eine Übung vorstellen.

EIN HINWEIS ZU SCHEREN IN KINDERHÄNDEN

Ehe Ihr Kind schneiden lernt, muss es den sicheren Umgang mit Scheren lernen. Erklären Sie ihm, dass es die Faust um die geschlossenen Klingen legen muss, wenn es eine Schere trägt. Machen Sie ihm vor, wie man eine Schere mit dem Griff zuerst an andere weiterreicht.

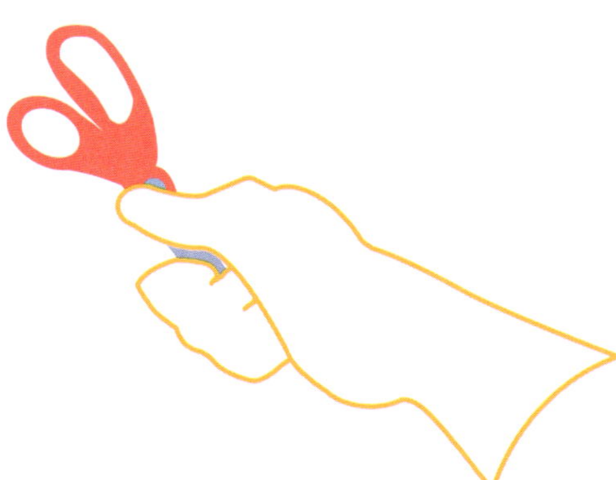

- Alle Übungen und Spiele sind für Jungen und Mädchen gleichermaßen geeignet.
- Wählen Sie einen geeigneten Ort, an dem Sie die Übungen mit Ihrem Kind in Ruhe und ungefährdet durchführen können.
- Achten Sie darauf, dass Ihr Kind gut sehen kann, was Sie vormachen. Sitzen Sie immer rechts von Ihrem Kind (oder links, wenn es linkshändig ist).
- Versuchen Sie, immer mit der rechten Hand zu arbeiten (oder mit der linken, wenn Ihr Kind linkshändig ist).
- Bei vielen Übungen wird ein Tablett als Arbeitsfläche benutzt. Wählen Sie ein Tablett ohne Muster, um Ablenkung zu vermeiden.
- Bereiten Sie die Übungen vor. So vermeiden Sie, dass Sie Ihrem Kind ein Spiel vorschlagen, zu dem dann das nötige Material fehlt.
- Gehen Sie strukturiert vor, wenn Sie die Übung vorstellen. Wenn Sie die Materialien ordentlich bereitlegen, wird auch Ihr Kind einen Sinn für Ordnung entwickeln.
- Lassen Sie, wenn möglich, Ihr Kind die Materialien zur Arbeitsfläche bringen und nach Abschluss der Übungen wieder wegräumen. Dieser feste Ablauf trägt dazu bei, dass sich Ihr Kind auf das Projekt konzentriert.
- Lesen Sie vor dem Üben mit Ihrem Kind immer erst die komplette Beschreibung der jeweiligen Übung und machen Sie sich das Ziel dieser Übung klar.
- Unterbrechen Sie Ihr Kind nicht bei der Arbeit. Lernen Sie, sich zurückzunehmen.
- Vermeiden Sie negative Kommentare. Wenn Ihr Kind eine Übung nicht richtig ausführen kann, nehmen Sie sich vor, sie später erneut auszuprobieren.
- Wenn Ihr Kind sehr in eine Beschäftigung vertieft ist und sie dann noch einmal machen möchte, erlauben Sie das, und zwar so oft, wie Ihr Kind möchte. Kinder lernen durch Wiederholung.
- Wenn möglich, richten Sie Ihrem Kind einen Arbeitsplatz ein. Bewahren Sie die Materialien nach dem Spiel an einem sicheren Ort auf und werfen Sie sie nicht weg, damit Ihr Kind sich erneut damit befassen kann, wenn es möchte.
- Wenn Ihr Kind mit den Materialien Unsinn macht, brechen Sie das Spiel sofort ab. So versteht das Kind, dass sein Verhalten nicht akzeptabel ist. Sie können das Spiel später noch einmal anbieten.
- Denken Sie immer daran, dass Sie Vorbild sind und Ihr Kind Ihr Verhalten imitieren wird.

HÄUFIGE FRAGEN

Wie alt sollte mein Kind für die Übungen sein?

Ich habe ganz bewusst auf Altersangaben verzichtet, da Eltern sich schnell Gedanken machen, wenn ihr Kind eine Übung ablehnt. Das sollten sie aber nicht. Jedes Kind ist ein Individuum mit eigenen Stärken und Schwächen, und nur die wenigsten Kinder beherrschen alle Lernbereiche gleich gut. In Montessori-Kindergärten beschäftigen sich Kinder in den ersten Jahren hauptsächlich mit den Übungen in Kapitel 1 und 2, die eine gute Basis für die übrigen Spiele bilden.

Für Kinder zwischen 4 und 5 Jahren ist es ratsam, verschiedene Übungen aus allen Kapiteln auszuwählen. Falls Ihr Kind jedoch besonderes Interesse an einem bestimmten Thema hat, zum Beispiel dem Fühlen und Ertasten, können Sie Übungen aus dem Bereich der Sinneswahrnehmungen in den Vordergrund stellen.

Muss ich die Reihenfolge der Spiele einhalten?

Die vorgegebene Reihenfolge der Kapitel sollten Sie beachten, da sie der natürlichen Entwicklung entspricht. Es spricht aber nichts dagegen, ein Spiel einmal auszuprobieren und später erneut aufzugreifen. Wenn Ihr Kind eine Fähigkeit bereits gut beherrscht, können Sie auch eine fortgeschrittenere Übung anbieten. Allerdings schadet es auch nicht, etwas zu üben, was Ihr Kind schon kann, denn das fördert oft das Selbstvertrauen.

Manche Spiele haben unterschiedliche Schwierigkeitsstufen — wann kann mein Kind zur nächsten Stufe übergehen?

In den Kästen mit der Überschrift »Lust auf mehr?« finden Sie weiterführende Übungen. Wenn Ihr Kind ein Spiel beherrscht und sicher selbst durchführen kann, können Sie diese nächste Spielversion anbieten.

Was ist, wenn mein Kind das Spiel nicht richtig versteht?

Wenn Sie merken, dass Ihr Kind ein Spiel nicht richtig versteht, ist es damit vermutlich überfordert. Überlegen Sie dann auch, ob Sie die Übung langsam und deutlich genug erläutert haben und ob Ihnen selbst richtig klar ist, welches Ziel hinter der Übung steckt.

Welche Tageszeit ist für die Übungen am besten geeignet?

Kinder sind genau wie Erwachsene im Tagesverlauf unterschiedlich aufnahmefähig. Bei den meisten Kindern ist die Aufnahmefähigkeit vormittags am größten, deshalb empfiehlt sich diese Tageszeit für anspruchsvolle Übungen. Andere Spiele können Sie auch später anbieten, am besten jedoch nicht zu spät am Nachmittag.

Was kann ich tun, wenn mein Kind nicht auf ein Spiel anspringt?

Wenn Ihr Kind an einem Spiel kein Interesse zeigt, machen Sie sich keine Sorgen und reagieren Sie nicht verärgert, sondern räumen Sie die Materialien dazu einfach weg. Überlegen Sie für sich: Haben Sie das Spiel ansprechend präsentiert? War es die richtige Tageszeit? Haben Sie verstanden, worum es bei der Übung geht, und wusste Ihr Kind, was es tun sollte? Überlegen Sie, ob Ihr Kind für das Spiel bereit war.

Wie benutze ich die Arbeitsblätter?

Die Arbeitsblätter hinten im Buch dienen als Kopiervorlage. Vergrößern Sie sie so, dass sie eine DIN-A3-Seite komplett ausfüllen. So hat Ihr Kind auf dem Arbeitsblatt genug Platz, und Sie können bei Bedarf neue Kopien erstellen.

1

DIE SINNE ENTWICKELN

Kleine Kinder haben sehr sensible Sinne, und sie nutzen sie, um ihr Wissen über die Welt zu erweitern. Die Spiele in diesem Kapitel fördern nicht nur die Stimulation und die Entwicklung aller fünf Sinne, sondern führen auch neue Begriffe und Bedeutungen ein.

Im Erwachsenenalter verlassen wir uns meist auf Sehvermögen und Gehör. Wenn Sie Ihrem Kind diese Spiele vorstellen, sollten Sie versuchen, genau wie Ihr Kind alle Sinne einzusetzen. So können Sie besser erfassen, wie die Beschäftigung die Entwicklung Ihres Kindes fördert.

1

EINEN SINNESPFAD BESCHREITEN

Alle Menschen genießen es, barfuß über eine Wiese zu laufen – kleine Kinder ganz besonders, da ihr Tastsinn sehr sensibel ist. Bei diesem Spiel kann Ihr Kind auf einem von Ihnen angelegten Sinnespfad mit unterschiedlichen Oberflächen seinen Tastsinn erkunden und weiterentwickeln. Außerdem wird der Gleichgewichtssinn gefördert.

Das wird gebraucht

- **viel Platz drinnen oder draußen**
- **4 Kissen beliebiger Größe (am besten aus unterschiedlichem Material)**
- **Teppichmuster (aus dem Teppichgeschäft)**
- **kleiner Läufer**
- **Fußmatte (aber nicht zu rau)**
- **großes Stück Luftpolsterfolie**

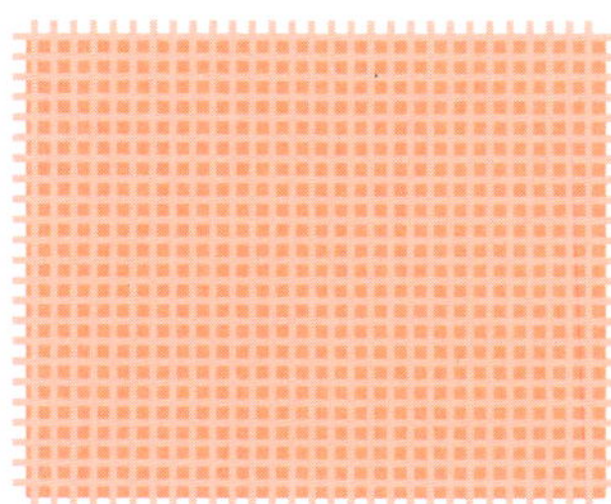

Los geht's

1. Legen Sie die Materialien so hintereinander, dass ein Pfad mit abwechselnden Oberflächen entsteht.
2. Machen Sie Ihrem Kind vor, wie es mit ausgestreckten Armen über den Pfad gehen soll.
3. Nun ist Ihr Kind an der Reihe.
4. Geben Sie ihm anfangs eine Hand, damit es die Balance halten kann. Wenn es sich sicher fühlt, kann es ein paar Schritte allein versuchen. Bleiben Sie jedoch in unmittelbarer Nähe, um Ihr Kind gegebenenfalls aufzufangen.
5. Der Weg über die Kissen ist am schwierigsten, hier wird Ihre Hand als Stütze nötig sein.

Lassen Sie Ihr Kind so oft über den Pfad laufen, wie es möchte.

Lust auf mehr?

Wenn Ihr Kind den Pfad gemeistert hat, können Sie die Reihenfolge der Oberflächen ändern oder neue Oberflächen dazunehmen. Steigern Sie den Schwierigkeitsgrad von einem geraden zu einem gewundenen Pfad.

2

GEGENSTÄNDE SORTIEREN

Kleine Kinder lieben es, einen Haufen von Gegenständen zu untersuchen und in Gruppen zu sortieren. Das stillt ihr Bedürfnis nach Ordnung und liefert ihnen viele neue Erkenntnisse über ihre Umwelt.

Das wird gebraucht

- **4 bis 6 unterschiedliche Knöpfe (so groß, dass keine Erstickungsgefahr besteht)**
- **genug kleine Behälter für jede Knopfvariante**

An Knöpfen kann Ihr Kind ersticken, deshalb wählen Sie möglichst große Exemplare und lassen Sie Ihr Kind nicht allein damit spielen.

Los geht's

1. Stellen Sie einen Behälter mit sämtlichen Knöpfen in die Mitte.
2. Ordnen Sie die anderen Behälter im Kreis darum an.
3. Fragen Sie Ihr Kind, ob alle Knöpfe die gleiche Farbe und Form haben.
4. Sagen Sie Ihrem Kind, dass es die Knöpfe in die Behälter sortieren soll.
5. Legen Sie jeweils 1 Knopf einer Variante in einen Behälter, um zu zeigen, wohin welcher Knopf gehört.
6. Bitten Sie Ihr Kind, die Knöpfe nun in die richtigen Behälter zu sortieren.
7. Wenn alle Knöpfe sortiert sind, möchte Ihr Kind die Übung vielleicht wiederholen.

Lust auf mehr?

Nicht nur Knöpfe lassen sich sortieren, auch viele andere Gegenstände eignen sich dazu, zum Beispiel kleine Stoffstückchen, Spielzeugautos oder Spielzeugtiere.

3

GERÄUSCHE UNTERSCHEIDEN

Bei diesem Spiel lernt Ihr Kind, dass ein Geräusch entsteht, wenn man gegen einen Gegenstand schlägt. Dieses Geräusch soll es dann als »laut« oder »leise« bezeichnen. Wenn Ihr Kind das beherrscht, können Sie sein Gehör weiter schulen, indem sie es die Geräusche vom lautesten zum leisesten ordnen lassen. Wie bei allen Übungen in diesem Kapitel werden die Begriffe eingeführt, die das Phänomen beschreiben.

Das wird gebraucht

- **4 bis 6 Dinge, die laute oder leise Geräusche erzeugen, etwa zwei Topfdeckel zum Aneinanderschlagen oder eine Kaffeedose zum Schütteln**
- **großes Tablett zum Transportieren der Dinge**

Los geht's

1 Setzen Sie sich so vor das Tablett, dass Ihr Kind Sie gut sehen kann.

2 Sagen Sie ihm: »Wir lauschen jetzt auf die Geräusche und überlegen, ob sie laut oder leise sind.«

3 Machen Sie mit einem Gegenstand ein lautes Geräusch, sagen Sie »laut« und legen Sie den Gegenstand nach links. Erzeugen Sie dann ein leises Geräusch und legen Sie den »leisen« Gegenstand nach rechts.

4 Lassen Sie Ihr Kind die übrigen Dinge nach lauten und leisen Geräuschen sortieren.

Gefahrenhinweis: Erklären Sie Ihrem Kind nach dem Spiel, dass es gefährlich ist, wenn man dicht am Ohr laute Geräusche macht, weil das dem Gehör schaden kann.

4

GERÄUSCHESPIEL

Achten Sie einmal darauf, wie viele unterschiedliche Geräusche Sie im Laufe eines Tages hören. Vermutlich wird Sie das sehr überraschen. Viele dieser Geräusche nimmt man gar nicht richtig wahr, weil das Gehirn sie kennt und einordnen kann. Einem Kind sind die meisten dieser Geräusche jedoch unbekannt, sodass es sie identifizieren muss. Dieses Spiel hilft Kindern dabei, unterschiedliche Geräusche zu erkennen; mit den weiterführenden Übungen kann es Geräusche dann identifizieren und sein Hörvermögen schulen.

Das wird gebraucht

- **großes Tablett**
- **Tuch, um das Tablett abzudecken**
- **verschiedene Gegenstände, die interessante Geräusche machen; Musikinstrumente sind für dieses Spiel nicht geeignet**

Erinnern Sie Ihr Kind daran, dass es dem Gehör schadet, wenn man dicht am Ohr ein lautes Geräusch macht. Wenn Ihr Kind mit diesem Spiel Schwierigkeiten hat, lassen Sie sein Gehör überprüfen.

Los geht's

1 Setzen Sie sich rechts neben Ihr Kind an den Tisch, stellen Sie das Tablett vor sich und ordnen Sie die Gegenstände darauf an.

2 Sagen Sie Ihrem Kind: »Wir spielen Geräusche raten.« Zeigen Sie auf alle Gegenstände und nennen Sie laut deren Bezeichnungen.

3 Decken Sie das Tablett mit dem Tuch zu. Machen Sie unter dem Tuch ein Geräusch, zum Beispiel mit 2 Löffeln. Ihr Kind soll auf das Geräusch lauschen.

Lust auf mehr?

Wenn Ihr Kind das Spiel gut beherrscht, können Sie weitere Dinge (nicht mehr als 6) oder neue Dinge mit ungewöhnlichen Geräuschen dazunehmen.

Ältere Kinder, die Dinge benennen können, können raten, von welchem Gegenstand ein

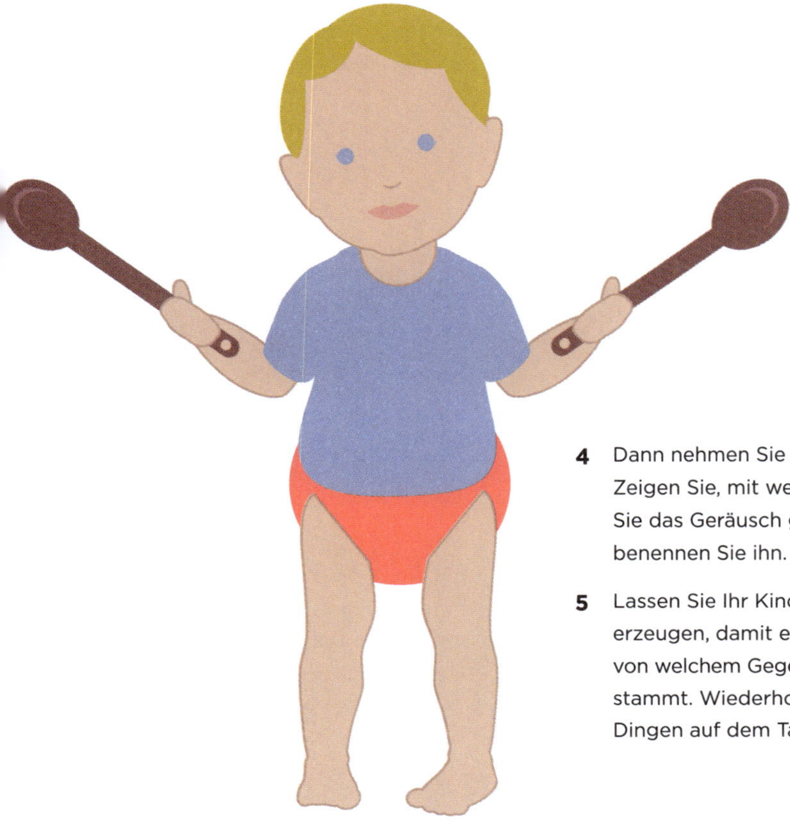

4 Dann nehmen Sie das Tuch weg. Zeigen Sie, mit welchem Gegenstand Sie das Geräusch gemacht haben, und benennen Sie ihn.

5 Lassen Sie Ihr Kind dieses Geräusch erzeugen, damit es deutlich erkennt, von welchem Gegenstand das Geräusch stammt. Wiederholen Sie das mit allen Dingen auf dem Tablett.

5

GERÄUSCHE VERGLEICHEN

Ihr Kind hat nun gelernt, Geräusche nach Lautstärke zu unterscheiden und sie vom leisesten zum lautesten zu ordnen. Mit diesem Spiel wird das Hörvermögen weiter geschult, denn Ihr Kind soll Geräusche zuordnen. Das mag einfach klingen, erfordert jedoch aufmerksames Zuhören und Konzentration. Ihr Kind hat keine optische Hilfe, sondern muss sich an das Gehörte erinnern, wenn das nächste Geräusch ertönt.

Das wird gebraucht

- **6 kleine, zylinderförmige Behälter mit undurchsichtigem Deckel**
- **getrocknete Linsen, Bohnen, Erbsen oder Reis**
- **2 Behälter oder Körbe**

Füllen Sie jeweils 2 Zylinder zur Hälfte mit dem gleichen Inhalt, teilen Sie die Pärchen dann und stellen Sie jeweils 3 von den Zylindern in den einen Behälter oder Korb und 3 in den anderen.

Lust auf mehr?

Steigern Sie die Zylinderzahl, bis Ihr Kind bis zu 6 Geräuschpärchen zuordnen kann. Als Zylinderfüllungen eignen sich Zucker, Kaffee oder Frühstücksflocken.

Los geht's

1 Lassen Sie Ihr Kind einen Behälter oder Korb zum Tisch tragen, während Sie den zweiten nehmen.

2 Setzen Sie sich rechts neben Ihr Kind, stellen Sie einen Behälter links neben sich und den anderen rechts weiter hinten auf den Tisch. Reihen Sie die Zylinder aus dem Behälter vor sich auf.

3 Sagen Sie Ihrem Kind: »Ich werde herausfinden, welche Geräusche zusammengehören.« Nehmen Sie mit der rechten Hand einen Zylinder von links, schütteln Sie ihn und lauschen Sie.

4 Nehmen Sie dann mit der rechten Hand einen Zylinder von rechts, schütteln Sie ihn und lauschen Sie.

5 Schütteln Sie erneut den ersten Zylinder, um zu überprüfen, ob die Geräusche zusammenpassen. Wenn nicht, probieren Sie die Zylinder auf der rechten Seite durch, bis Sie das gleiche Geräusch finden. Reihen Sie dann die Zylinderpärchen mit den gleichen Geräuschen von links nach rechts vor sich auf.

6 Nun darf Ihr Kind die Geräusche zuordnen. Stellen Sie ihm die Zylinder für die Übung bereit. Zum Abschluss der Übung können Sie auch die Zylinder öffnen, um zu überprüfen, ob alles richtig ist.

6

EINEN GESCHMACK ERKENNEN

Bei diesem Spiel entdeckt Ihr Kind, dass zwar jedes Nahrungsmittel einen eigenen Geschmack hat, dieser aber auch gleichzeitig in die allgemeinen Kategorien »süß«, »sauer« oder »salzig« fällt. In diese drei Kategorien soll es nun die Nahrungsmittel einordnen — mit verbundenen Augen, damit es sich nur auf seinen Geschmackssinn verlässt. Vielleicht fürchten Sie, dass Ihr Kind etwas, das es nicht sieht, nicht probieren will, aber meistens sind Kinder dazu bereit, wenn Erwachsene es vormachen.

Das wird gebraucht

- **3 Nahrungsmittel, jeweils süß, sauer und salzig; etwa Apfelspalten, Zitronenscheiben und salzige Chips**
- **3 kleine Teller**
- **Papiertücher**
- **Tablett**
- **Augenbinde**

Schneiden Sie die Nahrungsmittel in Scheiben oder Häppchen, die sie jeweils auf einen Teller legen. Stellen Sie die Teller mit den Papiertüchern auf das Tablett.

Los geht's

1. Lassen Sie Ihr Kind so sitzen, dass es Sie gut sehen kann, und stellen Sie das Tablett so hin, dass die Papiertücher vor Ihnen liegen. Bei diesem Spiel wird auf dem Tablett gearbeitet.
2. Sagen Sie: »Ich will herausfinden, ob das salzig, sauer oder süß schmeckt. Dazu benutze ich nur meine Zunge, nicht die Augen.«
3. Legen Sie die Augenbinde an. Probieren Sie ein Nahrungsmittel; wenn es salzig schmeckt, kommt es auf das Papier ganz links. Saures kommt in die Mitte und Süßes nach rechts. Sagen Sie dabei: »Das schmeckt salzig [oder sauer oder süß].« Probieren Sie alle Nahrungsmittel durch.

4 Legen Sie nun die Augenbinde ab, geben Sie sie Ihrem Kind und lassen Sie es die Nahrungsmittel probieren und sortieren. Wenn es etwas nicht kennt oder nicht probieren möchte, können Sie vorschlagen, dass es nur daran leckt oder nur einen »Mäusebiss« nimmt, damit es den Geschmack erkennt. Wenn ihm etwas gut schmeckt, darf es das Häppchen essen und legt dafür ein zweites Häppchen davon auf das Papier.

Lust auf mehr?

Variieren Sie die Nahrungsmittel oder erhöhen Sie die Anzahl der Kostproben von 3 auf 5 oder 8.

7

OBST- ODER GEMÜSESORTEN ERRATEN

Bei diesem Spiel erkundet Ihr Kind die Form und Beschaffenheit unterschiedlicher Obst- und Gemüsesorten und fördert damit seinen Tastsinn. Zudem lernt es Obst- und Gemüsesorten kennen.

Das wird gebraucht

- **3 Stück Obst oder Gemüse unterschiedlicher Form, Größe und Beschaffenheit, z. B. Apfel, Banane, Kartoffel**
- **Augenmaske oder Augenbinde**

Wenn Ihr Kind nicht genau weiß, wie eine Obst- oder Gemüsesorte heißt, sagen Sie den Namen laut, um ihm zu helfen. Lassen Sie ihm jedoch genug Zeit zum Überlegen. Legen Sie nicht zu viel Wert auf die richtige Bezeichnung, da es bei dieser Übung um die Sinne geht.

Los geht's

1. Erklären Sie Ihrem Kind, dass es Obst- oder Gemüsesorten erraten soll.
2. Lassen Sie Ihr Kind das Obst oder Gemüse in den Spielbereich tragen (Fußboden oder niedriger Tisch).
3. Legen Sie Obst oder Gemüse sowie die Augenbinde in die Mitte des Spielbereichs.
4. Gehen Sie mit Ihrem Kind die Namen der Obst- oder Gemüsesorten durch.
5. Machen Sie vor, wie man die Augenbinde anlegt, und binden Sie sie sich um.
6. Wählen Sie nun 1 Obst- oder Gemüsesorte aus. Befühlen Sie sie in aller Ruhe und kommentieren Sie dabei ihre Form, Größe und Beschaffenheit.
7. Erraten Sie die Obst- oder Gemüsesorte und sagen Sie laut, wie sie heißt.
8. Nehmen Sie nun die Augenbinde ab, damit Ihr Kind sie anlegen kann. Wenn es das nicht möchte, soll es einfach die Augen schließen oder sie mit der Hand zuhalten.

8

NAHRUNGSMITTEL RATEN

Nahrung spielt im Leben aller Kinder eine entscheidende Rolle, und je älter sie werden, desto wichtiger ist es, dass sie dazu eine positive Einstellung entwickeln. Dieses Spiel regt Ihr Kind dazu an, Nahrungsmittel nur mit dem Geschmackssinn zu erkunden und zu erkennen. Wenn es das Spiel beherrscht, können Sie auch neue Nahrungsmittel einführen; wenn Ihr Kind sieht, dass Sie etwas Neues probieren, wird es eher dazu bereit sein, es auch zu versuchen.

Das wird gebraucht

- **6 Nahrungsmittel mit ausgeprägtem Geschmack**
- **6 kleine Teller oder Schälchen**
- **Augenmaske oder Augenbinde**
- **Tablett**

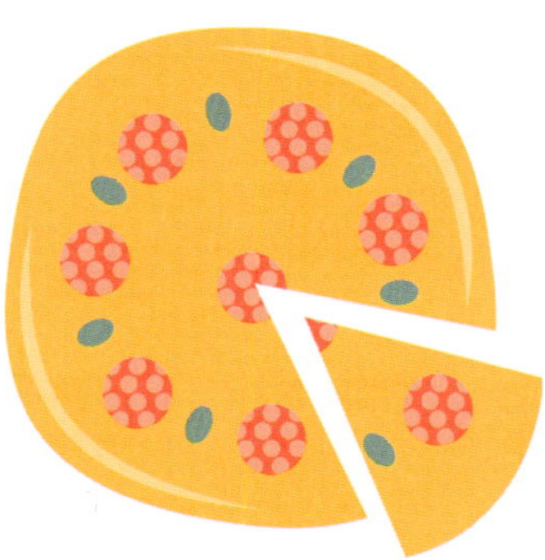

Los geht's

1. Legen Sie jedes Nahrungsmittel auf ein eigenes Tellerchen und reihen Sie diese auf dem Tablett neben der Maske auf. Stellen Sie das Tablett auf den Tisch.
2. Lassen Sie Ihr Kind neben sich sitzen. Sagen Sie: »Wir spielen Essen raten.«
3. Zunächst soll Ihr Kind alle Nahrungsmittel probieren und benennen.
4. Zeigen Sie den Ablauf des Spiels: Legen Sie die Augenbinde an, probieren Sie etwas und benennen dann das Nahrungsmittel: »Ich glaube, das ist eine Bohne.«
5. Jetzt ist Ihr Kind an der Reihe.
6. Wenn es die Augen verbunden hat, führen Sie seine Hand zu einem der Teller. Lassen Sie Ihr Kind das Nahrungsmittel probieren; wenn es richtig rät, wandert der Teller auf die rechte Seite. Bei einer falschen Antwort kommt das Nahrungsmittel nach links und wird später noch einmal probiert.

9

GERÜCHE UNTERSCHEIDEN

Kinder kommentieren ständig, was sie riechen, deshalb wird Ihr Kind dieses Spiel lieben. Dabei soll es zwischen angenehmen und unangenehmen Gerüchen unterscheiden und lernt außerdem neue Begriffe, mit denen es unterschiedliche Gerüche beschreiben kann. Ermutigen Sie Ihr Kind dazu, Gerüche in seinem Umfeld zu erkunden, aber weisen Sie darauf hin, dass manche Stoffe schädliche Dämpfe absondern. Giftige Haushaltsreiniger dürfen bei dieser Übung nicht verwendet werden, sondern sollten immer sicher verstaut bleiben.

Das wird gebraucht

- **6 Dinge mit unterschiedlichem Geruch, z. B. Parfüm, Aftershave, Aromaöl, Blumen, Zitrusfrüchte, Kaffee und Essig (verwenden Sie keine Reinigungsprodukte, die beim Einatmen schädlich sein können)**
- **6 kleine Behälter wie Deckelgläser**
- **mindestens 6 Wattepads oder -bäusche**
- **Tablett**

Los geht's

1. Tränken Sie jedes Wattestück mit einem unterschiedlichen Geruch. Bei Zitrusfrüchten pressen Sie etwas Saft aus, damit Ihr Kind nicht auf das Obst, sondern nur auf den Geruch achtet. Legen Sie jedes Wattestück in einen eigenen Behälter und verschließen Sie diesen mit dem Deckel oder mit Frischhalte- oder Alufolie.
2. Lassen Sie die Behälter etwa 5 Minuten lang stehen, damit der Geruch in die Watte einzieht.
3. Stellen Sie einen Behälter mit etwas Wohlriechendem in die vordere rechte Ecke des Tabletts und einen mit etwas Übelriechendem in die vordere linke Ecke. Alle anderen Gläser stehen weiter hinten auf dem Tablett.

4 Setzen Sie sich so hin, dass Ihr Kind Sie gut sehen kann, und stellen Sie das Tablett mittig vor sich. Sagen Sie Ihrem Kind, dass Sie die Gerüche in »gut« und »schlecht« sortieren werden.

5 Öffnen Sie einen Behälter mit einem wohlriechenden Inhalt auf der rechten Seite, schnuppern Sie daran und sagen Sie: »Das riecht sehr gut.« Dann stellen Sie ihn rechts auf den Tisch. Machen Sie Ihrem Kind deutlich, dass Sie gründlich riechen, ehe Sie den Geruch einordnen.

Lust auf mehr?

Erhöhen Sie die Anzahl der Gerüche von 6 auf 8.

Spielen Sie »Gerüche zuordnen«, indem Sie jeweils zwei Behälter mit dem gleichen Geruch füllen. Stellen Sie jeweils einen Behälter auf gegenüberliegende Seiten des Tabletts und zeigen Sie Ihrem Kind, wie es nach dem passenden Geruch sucht.

6 Wiederholen Sie den Ablauf mit einem Behälter mit einem schlechten Geruch und sagen Sie zum Beispiel: »Der Geruch gefällt mir nicht.« Stellen Sie den Behälter links auf den Tisch.

7 Lassen Sie Ihr Kind die restlichen Gerüche sortieren, bis zum Schluss die schlechten Gerüche links stehen und die guten rechts.

8 Stellen Sie die Behälter für Ihr Kind noch einmal auf, damit es die ganze Übung allein wiederholen kann.

10

GERÜCHE RATEN

Der Geruchssinn gehört zu unseren stärksten Sinnen; oft weckt ein Geruch intensive Erinnerungen, zum Beispiel an einen Urlaub oder einen bestimmten Ort. Bei diesem einfachen, aber wirkungsvollen Spiel unterscheidet Ihr Kind verschiedene Gerüche und versucht dann, sich daran zu erinnern.

Das wird gebraucht

- **6 flüssige oder zermahlene Substanzen mit unterschiedlichem Geruch**
- **mindestens 6 Wattepads oder -bäusche**
- **6 kleine Behälter mit Deckel**
- **kleines Tablett**

Los geht's

1. Geben Sie etwas von den duftenden Substanzen jeweils auf ein Stück Watte, das Sie dann in jeweils einen Behälter legen. Schließen Sie die Deckel.
2. Reihen Sie die Behälter auf dem Tablett auf und stellen Sie dieses auf den Tisch.
3. Setzen Sie sich neben Ihr Kind und sagen Sie: »Wir wollen die Gerüche raten.« Loben Sie Ihr Kind dafür, wie gut es bei der Übung vorher gute und schlechte Gerüche unterscheiden konnte.

Aromaöle liefern viele unterschiedliche Gerüche, zum Beispiel Lavendel, Teebaum oder Zitrussaft. Auch Kräuter sind gut geeignet.

Sie können auch mit 3 Behältern anfangen und die Anzahl bis auf 6 erhöhen.

Wählen Sie Gerüche, die Ihrem Kind vertraut sind.

Ihr Kind könnte die Augen schließen, um sich besser auf den Geruch zu konzentrieren.

4 Zeigen Sie Ihrem Kind alle duftenden Substanzen und lassen Sie es der Reihe nach die Behälter öffnen. Schnuppern Sie selbst daran und sagen Sie, was Sie riechen. Dann darf Ihr Kind schnuppern und wiederholt das Wort.

5 Im nächsten Durchgang soll Ihr Kind an den Behältern schnuppern und Ihnen sagen, was es riecht.

6 Bei seinem Durchgang soll Ihr Kind alle Gerüche, bei denen es sich sicher ist, nach rechts stellen, und alle, bei denen es sich unsicher ist, nach links, um später noch einmal daran zu riechen.

Lust auf mehr?

Bei dieser Gelegenheit können Sie Ihrem Kind erklären, dass manche Stoffe schädlich sind, wenn man sie einatmet, und dass es deshalb immer einen Erwachsenen fragen muss.

Als Kind habe ich gerne Parfüm aus Rosenblättern hergestellt. Sie könnten ein Parfümerie-Rollenspiel anregen. Sammeln Sie verschiedene Gläser und Fläschchen und helfen Sie Ihrem Kind, Etiketten für die Parfümflaschen herzustellen. Es könnte auch ein eigenes Etikett für seine Parfümerie gestalten.

11

AUF SPURENSUCHE

Kinder gehen liebend gern auf Spurensuche, vor allem wenn am Ende ein Schatz winkt. Dieses Spiel ist für beliebig viele Kinder geeignet, auch ältere Geschwister können gut mitmachen. Kinder, die normalerweise nicht gern laufen, werden so begeistert nach Spuren Ausschau halten, dass sie gar nicht merken, wie aktiv sie sind.

Das wird gebraucht

- **Platz im Freien**
- **Kreide**
- **kleine Tüte Mehl**
- **Schatz (z. B. Sticker, Kekse, Schokoladentaler)**

Lassen Sie Kinder bei der Spurensuche nicht zu weit vorauslaufen, sondern behalten Sie sie immer im Blick.

Los geht's

1 Wählen Sie eine geeignete Stelle im Freien, zum Beispiel einen großen Garten, einen Park, unbebaute Flächen oder ein Waldstück – je nachdem, was in der Nähe ist.

2 Markieren Sie eine Route mit großen Pfeilen aus Kreide oder mit Mehlspuren, wenn keine Pfeile aufgezeichnet werden können.

3 Die Route sollte so lang sein, dass man etwa 30 Minuten für sie braucht.

4 Erklären Sie den Kindern, dass sie der Spur folgen sollen und nach weißen Pfeilen und Mehlhäufchen Ausschau halten müssen.

5 Bitten Sie ein Kind, sich 3 Lieblingsbewegungen auszusuchen, und diese während der Spurensuche zu machen. Die anderen Kinder sollen sie dann jeweils nachmachen. Das sorgt ein wenig für Aufheiterung.

6 Am Ende der Route bekommen die Kinder zur Belohnung den Schatz. Hier gibt es unzählige Möglichkeiten, von einem besonderen Sticker über Lieblingskekse bis hin zu Schokoladentalern, die Sie versteckt haben.

Achten Sie darauf, dass alle Kreidepfeile und Mehlhäufchen aus Kinderperspektive gut zu erkennen sind.

12

HÖHE UND LÄNGE ERFASSEN

Diese Übung vermittelt die Bedeutung von »Länge«. Ihr Kind ordnet dabei Zahlenstangen in Form einer Treppe an, von der kürzesten Stange bis zur längsten. Dazu muss es die Länge der Stangen schätzen und überlegen, an welcher Stelle sie in die Treppe passen. Sie können dazu auch Fotos von unterschiedlich großen Familienmitgliedern verwenden, die Sie der Reihe nach von groß nach klein anordnen.

Das wird gebraucht

- Arbeitsblatt 1
- 1 Blatt DIN-A3-Papier
- 1 großer Bogen dicke Pappe
- Schere
- blaue und rote Filzstifte
- Klebestift
- Tablett

Kopieren und vergrößern Sie das Arbeitsblatt 1 auf DIN-A3-Papier. Malen Sie die Abschnitte rot und blau aus. Der erste Abschnitt ist jeweils rot, der nächste blau, der nächste rot usw. Die erste Stange hat nur einen Abschnitt, die zweite zwei (einen roten und einen blauen), die dritte drei und so weiter. Schneiden Sie die Stangen aus, kleben Sie sie auf die Pappe und schneiden Sie diese wie dargestellt zurecht.

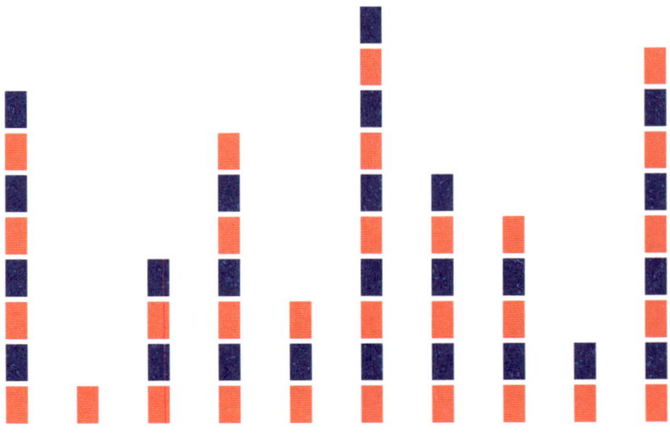

203 204 205 206 207 208 209 210 211 212 213 214 215 216 217 218 219 220 221 222 223 224 225 226 227 228 229 230 231 232 233 234 235

Los geht's

1. Legen Sie die Stangen ungeordnet auf ein Tablett, aber so, dass Ihr Kind sie gut sehen kann.
2. Stellen Sie das Tablett vor sich auf den Tisch und achten Sie darauf, dass Ihr Kind Sie beobachten kann.
3. Sagen Sie ihm, dass Sie aus den Stangen eine Treppe bauen wollen und mit der kürzesten Stange anfangen.
4. Legen Sie die kürzeste Stange vor sich hin. Beim Suchen nach der nächsten Stange fahren Sie mit der Hand der Länge nach von einem Ende der Stangen zum anderen, damit Ihr Kind versteht, dass Sie nach der nächstgrößeren Stange suchen.
5. Ordnen Sie alle Stangen zu einer Treppe.
6. Erklären Sie, dass Sie die Treppe nun auseinandernehmen, damit Ihr Kind sie bauen kann.
7. Legen Sie die Stangen der Reihe nach in willkürlicher Reihenfolge neben Ihr Kind.
8. Bitten Sie Ihr Kind, die Treppe zu bauen.

Achten Sie darauf, dass die Enden der farbigen Stangen am linken Rand bündig liegen, damit der Treppeneffekt deutlich wird.

Lust auf mehr?

Nutzen Sie jede Gelegenheit, um Ihrem Kind die mathematischen Begriffe »lang« und »kurz« einzuprägen. Sie könnten zum Beispiel anregen, dass es Familienmitglieder vergleicht. Fragen Sie: »Wer ist am größten?« Und: »Wer ist am kleinsten?«

Sie könnten auch die Begriffe für Gewicht einführen: »schwer« und »leicht«. Lassen Sie Ihr Kind das Gewicht verschiedener Lebensmittel vergleichen, indem es sie in der Hand wiegt.

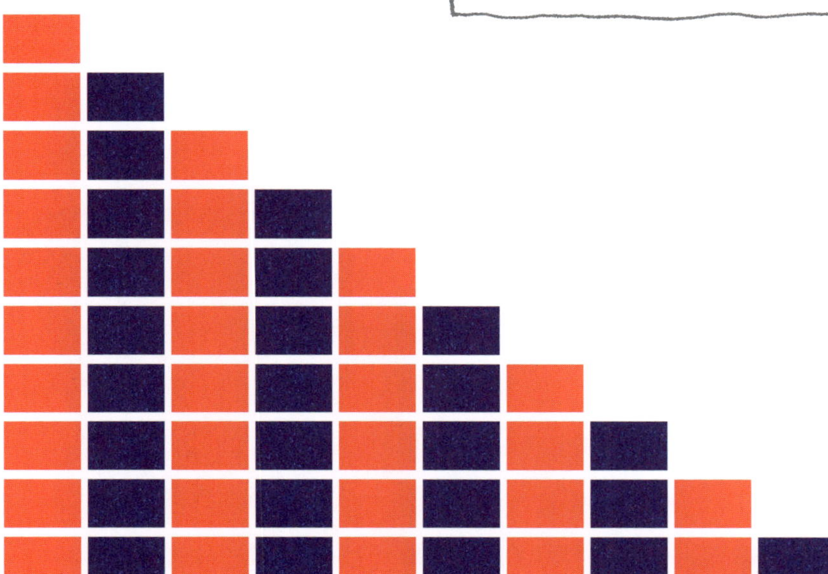

13

FARBEN ENTDECKEN

Kinder sind von Farben fasziniert. Bei den folgenden Farbspielen werden erst Primärfarben, dann Sekundärfarben und zum Schluss unterschiedliche Nuancen einer Farbe geordnet. Dazu können Sie Farbmusterkarten verwenden, wie es sie im Baumarkt gibt. Wählen Sie möglichst kräftige Primärfarben.

Das wird gebraucht

- **6 Farbmusterstreifen (jeweils 2 rote, blaue und gelbe)**
- **Schere**
- **Behälter oder Korb**

Schneiden Sie aus den Farbmustern je 2 Rechtecke aus den kräftigsten Farben, sodass Sie 2 gleiche Rottöne, 2 gleiche Blautöne und 2 gleiche Gelbtöne haben. Legen Sie die bunten Rechtecke in den Behälter.

Los geht's

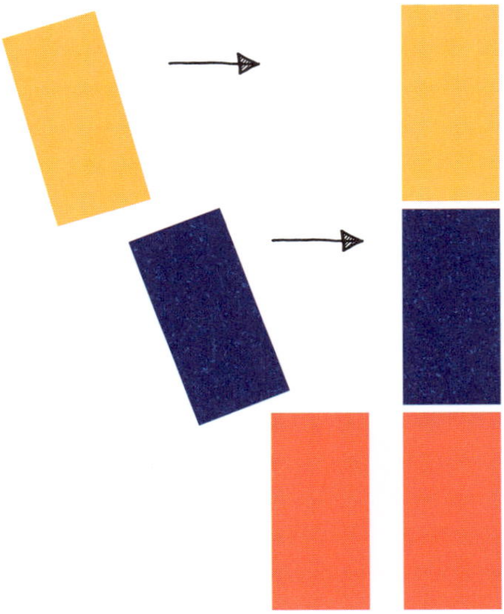

1 Lassen Sie Ihr Kind den Behälter zum Tisch tragen. Dann setzen Sie sich so hin, dass es Sie gut sehen kann.

2 Stellen Sie den Behälter vor sich und nehmen Sie alle Rechtecke heraus. Legen Sie die Hälfte davon in einer Reihe vor sich hin und bilden Sie aus den anderen eine senkrechte Reihe.

3 Erklären Sie, dass Sie die Farben sortieren werden. Nehmen Sie die unterste Farbe aus der vertikalen Reihe und suchen Sie die passende Farbe aus der Reihe vor Ihnen heraus.

4 Bitten Sie Ihr Kind, die beiden anderen Pärchen zu finden.

Lust auf mehr?

Basteln Sie weitere Rechtecke aus den Sekundärfarben Grün, Orange und Lila.

Im nächsten Schritt verwenden Sie einzelne Nuancen einer Farbe. Schneiden Sie Rechtecke aus den Farbmustern der gleichen Nuance und lassen Sie Ihr Kind alle Nuancen dieser Farbe zuordnen. Siehe die Übung auf der nächsten Seite.

14

FARBEN ENTDECKEN 2

Wenn Ihr Kind die Primär- und Sekundärfarben beherrscht, können Sie zu weiteren Farbschattierungen übergehen. Dazu muss Ihr Kind die Farbmuster nach Nuancen ordnen. In einem weiteren Schritt könnte Ihr Kind die Nuancen von hell zu dunkel sortieren.

Das wird gebraucht

- **2 gleiche Farbfächer von einer beliebigen Farbe**
- **Schere**

Los geht's

1. Schneiden Sie aus einem der Farbfächer die einzelnen Nuancen aus.
2. Legen Sie diese auf einen kleinen Stapel, legen Sie den kompletten Farbfächer direkt darüber.
3. Bitten Sie Ihr Kind zu sich und sagen Sie, dass Sie ihm etwas über Farben erklären möchten.
4. Lassen Sie Ihr Kind die ausgeschnittenen Nuancen ausbreiten und sagen Sie ihm, dass es diese dem Farbfächer zuordnen soll.
5. Zeigen Sie ihm an einer oder zwei ausgeschnittenen Nuancen, wie es zuordnen soll.
6. Lassen Sie Ihr Kind die Übung allein beenden.

Vielleicht möchten Sie anfangs nicht zu viele Nuancen verwenden. Sie können mit 4 verschiedenen anfangen und nach und nach die gesamte Palette einführen.

Wenn Sie die Übung vorführen, gehen Sie langsam vor und suchen Sie überdeutlich nach der passenden Nuance, sodass Ihr Kind versteht, was es tun soll.

Lust auf mehr?

Bitten Sie Ihr Kind, die Farbmuster von links nach rechts von hell zu dunkel zu sortieren. Dazu sucht es erst die hellsten, dann die dunkelsten und schließlich alle, die dazwischenliegen.

15

TEMPERATUREN ERKUNDEN

Bei diesem Spiel nutzt Ihr Kind seinen Tastsinn, um Materialien nach Temperatur von kalt bis warm zu sortieren. Das ist ein wunderbarer Einstieg in viele Themen, etwa, wieso manche Materialien für bestimmte Verwendungszwecke geeignet sind oder dass der Körper wärmer ist, wenn es uns nicht gut geht.

Das wird gebraucht

- **3 bis 8 Materialien mit unterschiedlicher Temperatur (z. B. Metall, Keramikfliese, Holz oder Kork, Marmor, Wolle, Plastik)**
- **Tablett, am besten ohne Muster**
- **Augenmaske oder Augenbinde**

Die richtige Oberfläche

Wählen Sie unterschiedliche Materialien wie Stoff, Metall, Keramikfliesen, Holz oder Kork, Marmor, Wolle, Plastik.

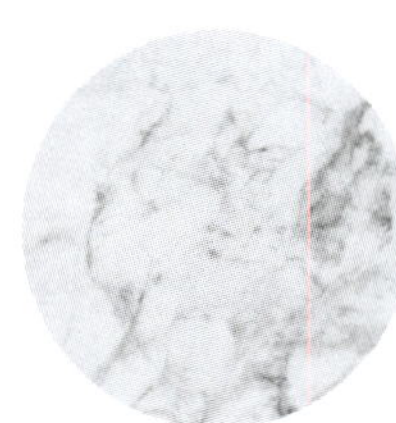

Los geht's

1. Reihen Sie zunächst alle Materialien auf dem Tablett auf und legen Sie die Maske oder Augenbinde dazu.
2. Bitten Sie Ihr Kind an den Tisch und zeigen Sie ihm die unterschiedlichen Materialien. Sagen Sie, dass sie nach Temperatur geordnet werden sollen, von kalt zu warm.
3. Legen Sie die Maske oder Augenbinde an und erklären Sie, dass Sie nun nach dem kältesten Material »suchen«. Tasten Sie der Reihe nach alle Materialien ab, bis Sie das kälteste gefunden haben. Legen Sie es nach links auf den Tisch.
4. Suchen Sie genauso nach dem wärmsten Gegenstand und legen Sie ihn ganz nach rechts, sodass eine Lücke bleibt. Wiederholen Sie diesen Schritt, bis alle Materialien zugeordnet sind.
5. Nehmen Sie die Maske oder Augenbinde ab und legen Sie die Materialien wieder auf das Tablett. Nun ist Ihr Kind an der Reihe.
6. Wenn es die Maske angelegt hat, führen Sie seine Hand zum Tablett und sagen Sie noch einmal, dass es erst das kälteste Material suchen soll, dann das wärmste, und so weiter.

Lust auf mehr?

Sprechen Sie über Temperaturen, wenn sich die Gelegenheit ergibt – zum Beispiel über das Wetter, das Kochen, das Kühlschrankthermometer, Badewasser, über Nahrungsmittel wie heißen Kakao oder Eis und wie man Eis macht.

Verwenden Sie bei kleineren Kindern anfangs nur 3 oder 4 Materialien, später dann mehr.

Die Augenbinde verstärkt den Tastsinn, ist aber kein Muss, da manche Kinder sich damit nicht wohlfühlen. Wenn das bei Ihrem Kind der Fall ist, kann es einfach die Augen schließen.

16

UNTERSCHIEDLICHE OBERFLÄCHEN KENNENLERNEN

Dieses ganz einfache Spiel mit unterschiedlichem Sandpapier führt die Begriffe »rau« und »glatt« ein. Sandpapier ist ideal, um den Tastsinn zu stimulieren und den Unterschied zwischen rau und glatt deutlich zu machen. Bevor es losgeht, sollte sich Ihr Kind die Hände waschen, damit seine Fingerspitzen gut fühlen können.

Das wird gebraucht

- **1 Blatt raues Sandpapier**
- **1 Blatt glattes Sandpapier**
- **Behälter oder Korb**

Los geht's

1 Schneiden Sie jedes Blatt Sandpapier in etwa 6 Stücke und legen Sie diese in den Behälter oder Korb.

2 Setzen Sie sich so hin, dass Ihr Kind Sie gut sehen kann, und stellen Sie den Korb vor sich. Legen Sie die Sandpapierstücke in einer Reihe vor den Korb.

3 Sagen Sie zu Ihrem Kind: »Ich werde fühlen, ob das Sandpapier rau oder glatt ist.«

4 Streichen Sie mit den Spitzen von Mittel- und Ringfinger von links nach rechts über die aufgereihten Stücke. Wenn Sie ein raues Stück entdecken, sagen Sie »rau«. Legen Sie dieses Stück nach links.

5 Suchen Sie dann 1 glattes Stück Sandpapier aus der Reihe. Wenn Sie ein solches Stück gefunden haben, sagen Sie »glatt« und legen es nach rechts.

6 Geben Sie Ihrem Kind die beiden Stücke und fordern Sie es auf, ebenfalls mit den Fingerspitzen darüberzustreichen. Dann soll es die Stücke erneut befühlen, während Sie dazu »rau« und »glatt« sagen. Lassen Sie Ihr Kind die Wörter wiederholen.

7 Nun legen Sie das Sandpapier vor sich hin und sortieren die übrigen Stücke in einen Stapel mit rauen und einen Stapel mit glatten Sandpapierstücken. Sagen Sie jeweils »rau« oder »glatt«, wenn Sie ein Sandpapierstück befühlen.

8 Legen Sie am Ende alle Sandpapierstücke ungeordnet zurück in den Behälter, damit Ihr Kind sie nun sortieren kann.

Arbeiten Sie immer von links nach rechts, auch wenn Ihr Kind linkshändig ist. So bereiten Sie es auf das Lesenlernen vor.

Lust auf mehr?

Verwenden Sie 2 weitere Sandpapierkörnungen — etwa sehr rau und sehr glatt. Wiederholen Sie die Übung und sagen Sie diesmal: »Ich will herausfinden, welches Stück dasraueste ist.« Wenn Sie es gefunden haben, sagen Sie: »Dieses Sandpapier ist das raueste«, und legen es auf die eine Seite. Dann ertasten Sie das glatteste Stück und legen es auf die andere Seite.

17

DIE BESCHAFFENHEIT VON MATERIALIEN ERKUNDEN

Hier muss Ihr Kind überlegen, wie ein Gegenstand beschaffen ist und was das bei einer Berührung bedeutet. So lernt es, dass Gegenstände, die nachgeben, »weich« sind, während »harte« Gegenstände nicht nachgeben. Wie bei den vorherigen Spielen werden zunächst die Gegensätze eingeführt; wenn Ihr Kind diese verinnerlicht hat, folgen weiterführende Übungen. Deshalb ist es wichtig, dass Sie die vorgegebene Reihenfolge einhalten.

Das wird gebraucht

- **6 bis 8 kleine Gegenstände, die hart oder weich sind, z. B. Murmeln, Holz, Spielknete**
- **Behälter oder Korb**

Los geht's

1. Setzen Sie sich so vor den Korb, dass Ihr Kind Sie sehen kann, und nehmen Sie etwas Hartes heraus. Legen Sie den Gegenstand nach links. Dann nehmen Sie etwas Weiches heraus und legen es nach rechts.
2. Drücken Sie mit den Fingerspitzen auf den harten Gegenstand und sagen Sie »hart«. Dann betasten Sie den weichen Gegenstand und sagen »weich«.
3. Geben Sie beides Ihrem Kind, damit es die Beschaffenheit genauso betasten kann wie Sie.
4. Anschließend lassen Sie Ihr Kind die Beschaffenheit der Gegenstände noch einmal befühlen und sagen dazu »hart« und »weich«.
5. Fordern Sie Ihr Kind auf, die übrigen Gegenstände nach hart oder weich zu sortieren.

Wählen Sie unterschiedliche Gegenstände, damit der Unterschied zwischen »hart« und »weich« ganz deutlich wird. Drücken Sie fest in den Gegenstand, damit Ihr Kind begreift, dass Weiches bei Berührung nachgibt.

Lust auf mehr?

Zeigen Sie Ihrem Kind, wie man Gegenstände von »hart« zu »weich« sortiert.

Nutzen Sie eine Augenbinde, damit sich Ihr Kind beim Sortieren nur auf seinen Tastsinn verlässt. Kündigen Sie an: »Ich fühle, was am härtesten ist.« Diesen Gegenstand legen Sie dann nach links. Dann sagen Sie: »Ich fühle, was am weichsten ist.« Vergleichen Sie so alle Gegenstände, bis sie der Reihe nach sortiert sind.

Zeigen Sie Ihrem Kind, wie man Dinge nach Temperatur sortiert (von »kalt« zu »warm«). Wählen Sie dazu unterschiedlich warmes Material wie Kork, Marmor, Holz, Stein und Wolle. Probieren Sie dieses Spiel mit verbundenen Augen. Siehe auch die Übung

18

OBERFLÄCHEN VERGLEICHEN

Bei diesem Spiel lernt Ihr Kind, Stoffe zu sortieren, zu vergleichen und zuzuordnen. Vor diesem Spiel sollte die Sandpapierübung (siehe Seite 44) durchgeführt worden sein, damit Ihr Kind die Begriffe »rau« und »glatt«, »raueste« und »glatteste« beherrscht. Ihr Kind trägt bei dieser Übung eine Augenbinde, damit es den Stoff nach »Gefühl« sortiert. Lesen Sie alle Schritte genau durch, bevor Sie anfangen!

Das wird gebraucht

- **6 Stoffstücke (jeweils 10 × 10 cm)**
- **Behälter**
- **Augenmaske oder -binde**

Wenn Ihr Kind einen Stoff nicht zuordnen kann, helfen Sie ihm mit Tipps oder Hinweisen, statt die Antwort zu verraten. Geben Sie ihm reichlich Zeit zum Überlegen.

Der richtige Stoff

Wählen Sie unterschiedliche Stoffe wie Seide, Satin, Baumwolle, Cord, Samt, Wolle oder Sackleinen.

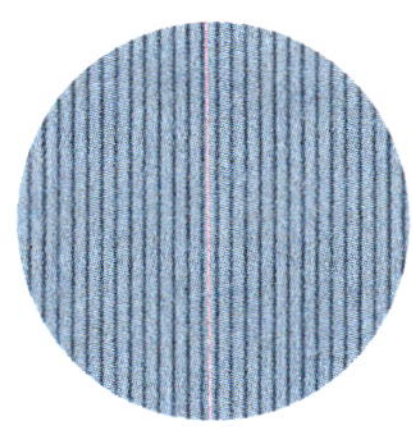

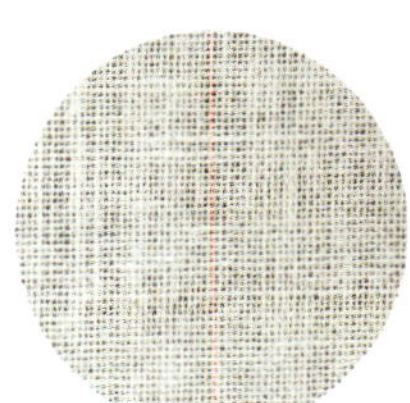

Lust auf mehr?

Halten Sie stets Ausschau nach rauen oder glatten Oberflächen und ermutigen Sie Ihr Kind, diese zu befühlen. Sie könnten beispielsweise fragen: »Was meinst du, ist die Baumrinde rau oder glatt?« Oder: »Ist das Blatt rau oder glatt?« Oder: »Was mag glatter sein, die Rinde oder das Blatt?«

Los geht's

1. Legen Sie die Stoffstücke in einer Reihe vor den Korb. Kündigen Sie an: »Ich fühle jetzt, welcher Stoff rau ist und welcher glatt. Damit ich nur die Finger benutze, bedecke ich meine Augen.« Legen Sie die Augenbinde an.

2. Tasten Sie nach einem rauen Stoffstück und nehmen Sie es in die Hand. Befühlen Sie es und reiben Sie den Stoff zwischen Daumen und Mittelfinger. Befühlen Sie ihn erneut, sagen Sie »rau« und legen Sie das Stück dann nach links auf den Tisch.

3. Tasten Sie nach einem glatten Stoffstück, sagen Sie »glatt« und legen Sie es nach rechts. So geht es weiter, bis alle Stücke in einen rauen und einen glatten Stapel sortiert sind.

4. Nehmen Sie die Augenbinde ab und legen Sie sie in den Korb. Mischen Sie die Stoffstücke nun und lassen Sie Ihr Kind diese Übung selbstständig machen. Vielleicht braucht es Hilfe mit der Augenbinde. (Manche Kinder mögen keine Augenbinden; in diesem Fall soll Ihr Kind die Augen schließen.)

19

WAAGE SPIELEN

Wenn sie zwei Dinge nach dem Gewicht beurteilen sollen, vermuten jüngere Kinder meist, das größere sei schwerer. Mit diesem Spiel lernt Ihr Kind, dass das Gewicht eines Gegenstands nicht von dessen Größe abhängt – was die Grundlage für das Wissen schafft, dass das Gewicht eines Objekts vielmehr durch seine Masse festgelegt ist. Bei diesem Spiel soll Ihr Kind jedoch erst einmal eine menschliche Waage spielen und zwei gegensätzliche Gegenstände miteinander vergleichen. Je stärker sich Form und Größe der Gegenstände ähneln, desto schwieriger wird diese Aufgabe.

Das wird gebraucht

- **Set A) mehrere gegensätzliche Gegenstände, z. B. Stein und Feder oder eine Dose Bohnen und ein Päckchen Teebeutel**
- **Set B) mehrere gegensätzliche Gegenstandspärchen, die sich in Größe und Gewicht ähnlicher sind**

Los geht's

1. Zeigen Sie Ihrem Kind eine Waage und fragen Sie, was man wohl damit macht. Wenn es sich unsicher ist, führen Sie vor, wie man eine Waage benutzt. Fragen Sie, warum es sinnvoll sein könnte, das Gewicht von etwas zu kennen.
2. Erklären Sie Ihrem Kind, dass es nun Waage spielen wird. Es soll zwei Gegenstände vergleichen und raten, welcher von beiden schwerer ist.
3. Nehmen Sie zwei gegensätzliche Gegenstände aus Set A und halten Sie in jeder Hand einen.
4. Verdeutlichen Sie durch eine Auf-und-ab-Bewegung, dass Sie das Gewicht der beiden Gegenstände vergleichen.
5. Jetzt fragen Sie Ihr Kind, welcher Gegenstand seiner Meinung nach schwerer ist. Anschließend geben Sie ihm die Gegenstände in die Hände.
6. Wenn Ihr Kind das Spiel verstanden hat, machen Sie damit weiter, die Gegenstände von Set B zu vergleichen.

Lust auf mehr?

Wenn Sie mit Ihrem Kind unterwegs sind, könnten Sie es fragen, wo es Geräte zum Wiegen gibt; zum Beispiel beim Arzt, am Flughafen für das Gepäck, im Supermarkt ...

Lassen Sie Ihr Kind Zutaten abwiegen, wenn Sie gemeinsam kochen.

Probieren Sie das Spiel »Eine Waage bauen« auf der nächsten Seite aus.

20

EINE WAAGE BAUEN

Dieses Spiel ist eine logische Fortsetzung des vorherigen, bei dem mit der gleichen Auf-und-ab-Bewegung Gewichte verglichen werden. Anhand einer Wippe lässt sich sehr gut erklären, wie eine Waage funktioniert. Gehen Sie deshalb mit Ihrem Kind am besten auf einen Spielplatz, auf dem es eine Wippe gibt. Fragen Sie Ihr Kind, was passiert, wenn auf der einen Seite der Wippe ein Kind sitzt und auf der anderen ein Erwachsener — welche Seite wäre dann oben und welche unten?

Das wird gebraucht

- **Kleiderbügel mit 2 Rockhaken**
- **4 gleich dicke Drahtstücke, etwa 35 cm lang**
- **2 Pappbecher oder saubere Joghurtbecher**
- **mehrere kleine, leichte Gegenstände zum Wiegen, z. B. Wäscheklammern**

Los geht's

1 Erklären Sie Ihrem Kind, dass es eine Waage basteln wird, die genauso funktioniert wie eine Wippe.

2 Wickeln Sie ein Stück Draht außen um einen Becher und lassen Sie 20 cm Draht überstehen.

3 Wiederholen Sie das mit dem zweiten Drahtstück, dann drehen Sie die beiden 20 cm langen Drahtenden zusammen. An diesem Griff können Sie Ihre Becherwaagschale aufhängen.

4 Wiederholen Sie die Schritte 2 und 3 mit dem zweiten Becher.

5 Hängen Sie die Becher am Drahtgriff vorsichtig mittig an die beiden Kleiderbügelhaken.

6 Hängen Sie dann die fertige Waage an eine Türklinke. Ihr Kind wird Freude daran haben, damit verschiedene Gegenstände abzuwiegen.

Vielleicht brauchen Sie etwas Klebmasse oder Klebeband, damit der Draht zusammenhält.

Lust auf mehr?

Bei Dingen mit sehr unterschiedlichem Gewicht können Sie ermitteln, wie viel Stück des leichteren Gegenstands nötig sind, damit die Waage ausgeglichen ist.

Lassen Sie Ihr Kind überlegen, aus welchem Material ein Gegenstand besteht und ob sich das auf das Gewicht auswirken könnte.

21

DER FÜHLBEUTEL

Dieses Spiel wird Ihrem Kind viel Freude machen. Es muss sich daran erinnern, wie sich etwas anfühlt, und dabei auf alle Tasterfahrungen aus den früheren Spielen zurückgreifen. Bei diesem Spiel soll Ihr Kind durch Tasten erraten, welcher Gegenstand in einem Beutel steckt. Indem Sie nachfragen, wie Ihr Kind den Gegenstand erraten hat, können Sie auch neue Begriffe einführen.

Das wird gebraucht

- **3 bis 5 unterschiedliche Gegenstände, z. B. Lieblingsspielsachen, Apfel usw.**
- **Beutel mit Kordel, z. B. Wäschebeutel**
- **Behälter oder Korb**
- **Geschirrtuch**

Wählen Sie unterschiedliche Gegenstände mit verschiedener Form und Beschaffenheit sowie ein paar Lieblingssachen, beispielsweise Spielzeug.

Nehmen Sie bei kleineren Kindern anfangs nur 3 Dinge und erhöhen Sie die Anzahl auf bis zu 5.

Los geht's

1. Zeigen Sie Ihrem Kind der Reihe nach die Dinge im Korb oder Behälter und benennen Sie diese.
2. Erklären Sie Ihrem Kind, dass es nun nur durch Tasten erraten soll, was Sie in einen Beutel gesteckt haben.
3. Bitten Sie Ihr Kind, die Augen zu schließen. Stecken Sie einen der Gegenstände in den Beutel. Decken Sie die anderen Sachen mit dem Geschirrtuch zu.
4. Nun darf Ihr Kind die Augen wieder aufmachen und den Gegenstand im Beutel betasten. Fragen Sie es, ob es den Gegenstand erraten kann. Geben Sie ihm Zeit, sich damit zu befassen. Wenn es unsicher ist, können Sie ihm auf die Sprünge helfen, etwa mit: »Meinst du, es ist der Ball?«
5. Wenn Ihr Kind richtig geraten hat, kommt der nächste Gegenstand an die Reihe – bis alle Gegenstände erraten sind.

Lust auf mehr?

Wenn Ihr Kind dieses Spiel sicher beherrscht, können Sie erst 2, dann 3 Gegenstände gleichzeitig in den Beutel stecken.

22

ZWEIDIMENSIONALE FORMEN ZUORDNEN

Bei diesem Spiel geht es um den mathematischen Begriff der Form. Ihr Kind lernt dabei, einen Kreis zu erkennen und die Größe unterschiedlicher Kreise einzuschätzen. Dazu ordnet es ausgeschnittene Kreise aufgemalten Kreisen zu. So kann Ihr Kind sofort erkennen, ob es richtig geraten hat, und sich bei Bedarf korrigieren. Im Kasten »Lust auf mehr?« wird beschrieben, wie Sie die Übung mit Quadraten und Dreiecken durchführen.

Das wird gebraucht

- **Arbeitsblatt 2**
- **mehrere Blätter DIN-A4-Papier**
- **Schere**
- **Behälter oder Korb**

Gehen Sie immer von links nach rechts vor, auch wenn Ihr Kind linkshändig ist, um es auf das Lesenlernen vorzubereiten. Wenn Sie die Übung vormachen, lassen Sie sich bei der Entscheidung Zeit und vergleichen Sie die ausgeschnittenen Kreise mehrmals mit den aufgezeichneten Kreisen. So erkennt Ihr Kind, dass Sie die Größe prüfen.

Los geht's

1 Kopieren Sie das Arbeitsblatt mehrfach auf festes Papier. Schneiden Sie einen Satz Kreise aus und legen Sie diese in den Behälter oder Korb. Lassen Sie mindestens 1 Blatt unzerschnitten.

2 Lassen Sie Ihr Kind den Behälter zum Tisch tragen, Sie selbst nehmen das Arbeitsblatt und legen es vor sich. Den Behälter stellen Sie dahinter. Setzen Sie sich so, dass Ihr Kind Sie gut sehen kann.

3 Legen Sie die Kreise in willkürlicher Reihenfolge neben das Arbeitsblatt.

4 Sagen Sie Ihrem Kind, dass Sie die Kreise zuordnen werden, vom größten bis zum kleinsten.

5 Nehmen Sie den größten Papierkreis und legen Sie ihn auf den Kreis auf dem Blatt. Ordnen Sie auf diese Weise alle Kreise zu.

6 Legen Sie die Kreise wieder in den Behälter und reichen Sie diesen mit dem Arbeitsblatt an Ihr Kind weiter. Jetzt ist Ihr Kind dran.

Lust auf mehr?

Auf Arbeitsblatt 2 gibt es zwei weitere Abschnitte, einen mit Quadraten und einen mit Dreiecken. Wiederholen Sie die Übung erst mit Quadraten, dann mit Dreiecken.

23

DREIDIMENSIONALE FORMEN ZUORDNEN

Dieses Spiel führt das vorherige weiter und verwendet ähnliche Formen, diesmal jedoch dreidimensionale. Die bekannten Formen werden mit dem korrekten mathematischen Begriff bezeichnet und paarweise sortiert. Da ihm die Gegenstände vertraut sind, kann sich Ihr Kind die mathematischen Begriffe besser einprägen.

Das wird gebraucht

- **2 Kugeln, z. B. Tennisbälle oder Murmeln**
- **2 Würfel, z. B. Bauklötze**
- **2 Zylinder, z. B. kleine Dosen**
- **Behälter oder Korb**

Los geht's

1. Geben Sie die Gegenstände in den Behälter, lassen Sie ihn von Ihrem Kind zum Tisch tragen und stellen Sie ihn mittig vor Ihr Kind. Sagen Sie ihm, dass es nun die Gegenstände nach Formen sortieren soll.
2. Fragen Sie Ihr Kind: »Entdeckst du einen Baustein in Würfelform?« Wenn es den Stein gefunden hat, legen Sie ihn nach links.

3 Nun fragen Sie nach einer Kugel und dann nach einem Zylinder.

4 Lassen Sie Ihr Kind die übrigen Gegenstände denen zuordnen, die schon auf dem Tisch liegen.

5 Erhöhen Sie die Anzahl der Gegenstände allmählich, bis Ihr Kind 6 Pärchen bilden kann.

Lust auf mehr?

Sie können auch andere 3-D-Formen verwenden, etwa Kegel, Pyramiden und Ovale. Vielleicht haben Sie Spielzeug in diesen Formen, oder Sie nehmen Eiswaffeln, hartgekochte Eier oder Fotos von einer Pyramide.

Spielen Sie das Fühlbeutelspiel auf der nächsten Seite. Dazu zeigen Sie Ihrem Kind eine Kugel, einen Zylinder und einen Würfel und benennen diese Formen. Dann schließt Ihr Kind die Augen, während Sie eine der Formen in den Beutel legen. Die anderen beiden verstecken Sie. Ihr Kind darf nun die Augen öffnen, bekommt den Beutel und soll durch Fühlen erkennen, was darin steckt.

24

3-D-FORMEN IM FÜHLBEUTEL ZUORDNEN

Mit diesem Spiel erkundet Ihr Kind nach zweidimensionalen wieder dreidimensionale Formen und prägt sich die Bezeichnungen der 3-D-Formen gut ein. Durch den Fühlbeutel lernt es, dass wir Gegenstände nicht nur mit den Augen, sondern auch mit dem Tastsinn erkennen können.

Das wird gebraucht

- **3 dreidimensionale Formen (Zylinder, Kugel, Würfel)**
- **Beutel mit Kordel**

Los geht's

1. Legen Sie die 3 Formen nebeneinander auf den Tisch und den Beutel daneben.
2. Bitten Sie Ihr Kind an den Tisch und loben Sie, wie gut es in der letzten Übung die 3-D-Formen zugeordnet hat. Erklären Sie, dass es bei diesem lustigen Spiel die Namen der Formen auf dem Tisch lernen wird.
3. Nehmen Sie 1 Form, betasten und benennen Sie sie. Dann bekommt Ihr Kind die Form und macht es genauso.
4. Benennen Sie die anderen Formen und lassen Sie Ihr Kind ihre Namen wiederholen.
5. Bitten Sie Ihr Kind, den Zylinder zu zeigen. Wiederholen Sie das mit den anderen Formen.
6. Nun soll Ihr Kind die Augen schließen, während Sie eine der Formen in den Fühlbeutel legen. Dann soll Ihr Kind eine Hand in den Beutel stecken und versuchen, die Form zu erraten. Gehen Sie mit den anderen Formen genauso vor.

Nehmen Sie bei kleineren Kindern anfangs nur 2 Formen.

Wenn Ihr Kind die Bezeichnungen der Formen nach dieser Übung noch nicht sicher beherrscht, wiederholen Sie das Spiel.

Lust auf mehr?

Wenn Ihr Kind diese Übung sicher beherrscht, könnten Sie die Namen der Formen einzeln auf ein Stück Pappe schreiben. Wiederholen Sie die Schritte auf der gegenüberliegenden Seite, um Ihrem Kind die Wörter zu vermitteln. Wenn es diese Wörter sicher erkennt, bitten Sie Ihr Kind, die Formen dem richtigen geschriebenen Wort zuzuordnen.

25

EINE TONLEITER BAUEN

Bei diesem Spiel lernt Ihr Kind die Klangharmonie kennen, indem es aus mit Wasser gefüllten Flaschen eine musikalische Tonleiter baut. Zudem lernt es, zwischen hohen und tiefen Tönen zu unterscheiden, und erfährt, dass Klangharmonie eine bestimmte Reihenfolge erfordert. Erklären Sie Ihrem Kind, dass Glasscherben gefährlich sind. Zeigen Sie deutlich, dass Sie selbst mit Glas vorsichtig umgehen, dann wird es Ihrem Beispiel folgen.

Das wird gebraucht

- **5 Glasflaschen oder Gläser**
- **Wasser**
- **Teelöffel**
- **Lebensmittelfarbe (optional)**

Färben Sie das Wasser, um das Spiel interessanter zu machen. Füllen Sie die Flaschen oder Gläser mit unterschiedlich viel Wasser, um verschiedene Töne zu erzielen. Klopfen Sie mit einem Teelöffel an das Glas, um den Klang zu ermitteln. Wenn der Kontrast stärker sein soll, passen Sie die Wassermenge an.

Los geht's

1 Zeigen Sie Ihrem Kind, wie es die Flaschen vorsichtig zum Tisch trägt. Dabei liegt eine Hand unter dem Flaschenboden und eine an der Seite.

2 Setzen Sie sich rechts neben Ihr Kind und reihen Sie die Flaschen auf dem Tisch auf.

3 Sagen Sie: »Ich will dir zeigen, wie man eine Tonleiter macht. Dazu muss ich erst herausfinden, welcher Ton am tiefsten ist.« Klopfen Sie mit dem Löffel sanft an die Flaschen, um den tiefsten Ton zu ermitteln. Wenn Sie die richtige Flasche gefunden haben, stellen Sie sie nach links.

4 Sagen Sie dann: »Jetzt muss ich den höchsten Ton finden.« Wiederholen Sie den Vorgang und stellen Sie die Flasche mit dem höchsten Ton so nach rechts, dass Platz für die anderen 3 Flaschen dazwischen bleibt.

5 Lassen Sie Ihr Kind die anderen Flaschen anordnen. Sagen Sie: »Ich habe die Flasche mit dem tiefsten Ton [an die Flasche klopfen] und mit dem höchsten Ton gefunden [an die Flasche klopfen]. Jetzt kannst du die Töne dazwischen ordnen.« Stellen Sie die Flaschen vor Ihr Kind, damit es die Tonleiter ergänzt.

Lust auf mehr?

Sie können die 5 Töne bis auf 8 steigern, sodass sich eine komplette Tonleiter ergibt.

Wenn Ihr Kind vermutet, dass die Klangfarbe von Flaschengröße oder Wassermenge abhängt, lassen Sie es mit diesen Ideen experimentieren.

26

MIT MAISMEHL ZAUBERN

Dieses Spiel ist ideal, um Kindern der Unterschied zwischen flüssig und fest zu vermitteln. Maismehl lässt sich »verzaubern«, weil es erst wie eine Flüssigkeit aussieht und dann fest wird (wenn man ein wenig heftig rührt). Ihr Kind wird viel Freude an diesem Zaubermehl haben.

Das wird gebraucht

- **große Rührschüssel**
- **Maismehl**
- **Krug mit Wasser**
- **Holzlöffel**
- **Tablett oder abwischbare Tischdecke**
- **Schürze**
- **Lebensmittelfarbe (optional)**

Los geht's

1 Stellen Sie Schüssel, Maismehl, Wasserkrug, Lebensmittelfarbe und Löffel auf das Tablett oder den abgedeckten Tisch.

2 Erklären Sie Ihrem Kind, dass Sie ihm ein ganz besonderes Mehl zeigen. Es soll daraus eine Kugel zaubern. Ziehen Sie ihm die Schürze an.

3 Lassen Sie Ihr Kind etwas Mehl in die Schüssel löffeln und dann ein wenig Wasser mit etwa 4 Tropfen Lebensmittelfarbe (falls gewünscht) dazugeben.

4 Ihr Kind soll das Mehl mit dem Wasser verrühren und beobachten, was passiert.

5 Fragen Sie, ob sich etwas ändert, wenn es schneller oder langsamer rührt.

6 Wenn die Mischung die richtige Beschaffenheit hat (siehe Tipp), sollte Ihr Kind eine Kugel formen können. Fragen Sie es, ob es die Kugel rollen kann oder ob sie sich wieder auflöst.

Das richtige Verhältnis liegt bei etwa 2 Teilen Maismehl zu 1 Teil Wasser, deshalb sollte Ihr Kind das Wasser langsam zugeben. Wenn sich keine Kugel formen lässt, wird mehr Maismehl benötigt.

Lust auf mehr?

Sie können Maismehlbrei für verschiedene Spielwelten und Rollenspiele verwenden — Sie können ihn zum Beispiel auf ein Backblech gießen, um eine Dinosaurierlandschaft zu gestalten.

Gestalten Sie ein wissenschaftliches Labor mit weißen Kitteln, Schutzbrillen, Gläsern mit gefärbtem Wasser und natürlich dem Maisbrei.

27

LUSTIGES AUTORENNEN

Alle Kleinkinder haben Spaß daran, Spielzeugautos über sämtliche Flächen im Haus sausen zu lassen. So erkunden sie unterschiedliche Oberflächen. Davon habe ich mich zu diesem Spiel inspirieren lassen, bei dem Sie eine kurze Rennstrecke mit unterschiedlichem »Straßenbelag« gestalten. Vermeiden Sie Material, das in den Hals oder in die Nase geraten könnte.

Das wird gebraucht

- **großes Tablett oder Backblech**
- **Silberfolie zum Auslegen**
- **Textmarker**
- **mittelgroße Kugel Spielknete oder Plastilin**
- **mindestens 4 verschiedene Materialien für die Rennstrecke, jeweils mit unterschiedlicher Beschaffenheit; geeignet sind z. B. zerstoßene Eierschalen, Eierkartons, Sand, Muscheln, Wellpappe, Murmeln, Knöpfe, Rindenstücke, Zweige — Ihrer Fantasie sind keine Grenzen gesetzt**
- **Spielzeugautos**

Los geht's

1. Legen Sie das Tablett mit Silberfolie aus.
2. Zeichnen Sie auf der Folie mit dem Marker eine lustige Rennstrecke mit vielen scharfen Kurven.
3. Rollen Sie aus der Knete lange, dünne »Schlangen«. Ihr Kind kann Ihnen dabei helfen.
4. Legen Sie die Schlangen auf beiden Seiten der Rennstrecke auf die Folie. Sie dienen als Barriere und halten das Material für den Straßenbelag an Ort und Stelle.

5 Füllen Sie 1 Abschnitt der Rennstrecke mit 1 Material. Die Länge des Abschnitts hängt davon ab, wie viele verschiedene Materialsorten Sie haben. Je mehr unterschiedliches Material, desto effektiver die Übung.

6 Befüllen Sie weitere Abschnitte, bis die Rennstrecke komplett ist. Jetzt kann es losgehen.

7 Geben Sie Ihrem Kind mehrere Spielzeugautos und lassen Sie es damit über die Rennstrecke fahren, sodass ihm der Unterschied zwischen den verschiedenen Oberflächen deutlich wird.

Lust auf mehr?

Weitere Tipps zur Gestaltung der Rennstrecke:

Stecken Sie kleine Zweige mit Blättern oder Tannennadeln als Bäume in die Knete entlang der Rennstrecke.

Aus Papier und Lutscherstielen können Sie Verkehrsschilder basteln und diese ebenfalls in die Knete stecken.

Vorsicht: Lassen Sie Ihr Kind mit verschluckbaren Materialien bitte nicht allein.

8
5
6

2

MOTORISCHE FÄHIGKEITEN

Die Fähigkeit, unseren Körper zu bewegen, nehmen wir als selbstverständlich hin. Die komplexe Körperkoordination beim Sport oder feinmotorische Fähigkeiten, die wir brauchen, um eine Tastatur zu bedienen oder einen Faden einzufädeln, definieren in gewisser Weise, wer wir sind. Ich habe festgestellt, dass Kinder an neuen körperlichen Fähigkeiten ebenso viel Freude haben wie an sprachlichen Leistungen. Wenn sie ihren Körper kontrollieren können, fühlen sie sich stark und selbstsicher. Mit den Spielen in diesem Kapitel werden Grob- und Feinmotorik geübt und gefördert.

28

WAS PASST WO?

Die Hand-Auge-Koordination lässt sich von frühester Kindheit an durch einfachste Puzzlespiele fördern. In dieser Übung ordnet Ihr Kind anfangs nur Formen zu, viel später legt es dann ein Bild aus einzelnen Teilen. Für diese Übung erstellen Sie ein ganz einfaches »3-D-Puzzle«, das Sie anschließend erweitern können, wenn Ihr Kind eine neue Herausforderung braucht.

Das wird gebraucht

- **verschiedene Gegenstände oder Bausteine mit unterschiedlichen Formen wie Dreieck, Quadrat und Kreis**
- **Pappkarton**
- **Schere oder Bastelmesser**
- **Klebeband**

Wenn sich Ihr Kind bei dieser Übung schwertut, können Sie ihm mit der Angabe der Farbe der gesuchten Form helfen, zum Beispiel: »Nimm eins von den blauen Teilen.«

Los geht's

1. Suchen Sie mehrere unterschiedlich geformte Bausteine zusammen, zum Beispiel solche mit den Formen Dreieck, Quadrat und Kreis.
2. Schneiden Sie oben in den Pappkarton Löcher in der Form der Bausteine. Die Löcher müssen ein wenig größer sein als die Bausteine. Kleben Sie die Box zu, sodass die Löcher die einzigen Öffnungen sind.
3. Geben Sie Ihrem Kind die erste Form. Führen Sie seine Finger außen um die Form herum, sodass es den Umriss erkennt. Machen Sie das Gleiche mit den Löchern im Karton, damit Ihr Kind ein Gefühl für die Formen bekommt.

4 Bitten Sie Ihr Kind, den Baustein durch das passende Loch zu stecken. Wenn ihm das schwerfällt, helfen Sie ihm.

5 Führen Sie Schritt 3 und 4 mit allen Formen aus. Wenn Ihr Kind sich sicher fühlt, wiederholen Sie die Übung und lassen Sie es allein nach den richtigen Löchern suchen.

6 Wenn Ihr Kind mit den verwendeten Formen vertrauter ist, führen Sie die richtigen Bezeichnungen ein. Benennen Sie die Form, die Sie Ihrem Kind geben, und kommentieren Sie, wie sie sich anfühlt. Zum Beispiel: »Das ist ein Dreieck. Das Dreieck hat 3 Seiten.«

Lust auf mehr?

Wenn Ihr Kind diese Übung beherrscht, können Sie Größe und Form der Löcher und der verwendeten Gegenstände variieren. Am besten nutzen Sie dazu den gleichen Karton, damit das Spiel anspruchsvoller wird.

29

EINEN BALL ROLLEN

Vielleicht ist Ihr Kleinkind noch nicht in der Lage, einen Ball zu fangen, doch sicherlich gelingt es ihm, einen Ball zu rollen und anzunehmen, wie es in diesem Spiel beschrieben ist. Mit dieser Übung lassen sich Grobmotorik und Hand-Auge-Koordination sehr gut fördern.

Das wird gebraucht

- **Strandball oder ähnlicher großer, leichter Ball**

Schauen Sie kurz nach unten und dann zu Ihrem Kind, ehe Sie ihm den Ball zurollen, damit es erkennt, dass Sie das Ziel anpeilen.

Los geht's

1. Setzen Sie sich mit gespreizten Beinen gegenüber von Ihrem Kind auf den Boden.
2. Ihr Kind setzt sich genauso hin. Diese Sitzposition markiert einen Spielbereich und schafft eine Barriere für den Ball.
3. Rollen Sie den Ball nun sanft auf Ihr Kind zu.
4. Fordern Sie es auf, den Ball mit den Händen zu stoppen. Wenn nötig, machen Sie ihm das vor.
5. Sagen Sie Ihrem Kind, dass es den Ball zurückrollen soll.
6. Wenn es den Ball sicher zurückrollen kann, rücken Sie ein Stück nach hinten. Sobald Ihr Kind mit der neuen Entfernung zurechtkommt, können Sie noch etwas weiter wegrücken.

30

EIN BEANBAG WERFEN

Beanbags sind ideal, um mit kleineren Kindern das Werfen zu üben. Im Gegensatz zu Bällen rollen Beanbags nicht davon; das gibt Ihrem Kind Sicherheit und Selbstvertrauen. Bei diesem Spiel wird das Beanbag auf ein bestimmtes Ziel geworfen, um die Hand-Auge-Koordination zu fördern.

Das wird gebraucht

- **reichlich Platz drinnen oder draußen**
- **Springseil oder Reifen**
- **Beanbag oder Beanbag-Plüschtier für jedes Kind**

Erklären Sie Ihrem Kind, dass es den Arm beim Werfen lang ausstrecken muss.

Los geht's

1 Formen Sie aus dem Seil einen Kreis auf dem Boden.

2 Stellen Sie sich etwa 50 cm vom Seil entfernt hin und zeigen Sie Ihrem Kind, wie Sie das Beanbag von unten in das Ziel werfen.

3 Jetzt ist Ihr Kind an der Reihe.

4 Wenn es den Wurf aus dieser Entfernung sicher beherrscht, erhöhen Sie den Abstand um einen Schritt.

Lust auf mehr?

Wenn mehrere Kinder mitspielen, können sie um die Wette werfen – wer zuerst in den Kreis trifft, hat gewonnen.

Eine Variante wäre, bunte Hütchen zu verwenden und das Kind auf eine bestimmte Farbe zielen zu lassen.

31

RINGE WERFEN

Ringewerfen kennen wir sicher alle aus unserer Kindheit. Mit diesem Spiel lassen sich Motorik sowie Hand-Auge-Koordination optimal fördern. Ihr Kind sollte dabei Erfolgserlebnisse haben, deshalb habe ich diese Übung insbesondere für jüngere Kinder in drei Stufen mit unterschiedlichem Schwierigkeitsgrad unterteilt, die der natürlichen Entwicklung der kindlichen Fähigkeiten entsprechen. Als Spielgerät empfehle ich Bambusstäbe, die Sie in Blumentöpfe mit Erde stecken. Ringe gibt es in gut sortierten Spielzeug- oder Sportgeschäften.

Das wird gebraucht

- **3 bis 5 mittelgroße Blumentöpfe mit Erde oder Sand**
- **3 bis 5 Bambusstäbe**
- **3 bis 5 Wurfringe**
- **3 bis 5 Spülschüsseln oder Eimer**
- **Kreppband oder eine Rolle Garn**

Los geht's

1 Markieren Sie mit dem Kreppband oder dem Garn auf dem Boden 3 Kreise mit einem Durchmesser von 40 bis 50 cm. Fordern Sie Ihr Kind auf, seine Ringe in die einzelnen Kreise zu werfen. Wenn ihm das gelingt, gehen Sie zur nächsten Stufe über.

2 Stellen Sie die Spülschüsseln in die Kreise. Nun soll Ihr Kind versuchen, seine Ringe in die Schüsseln zu werfen. Wenn es das sicher beherrscht, gehen Sie zum nächsten Schritt über.

3 Nehmen Sie die Schüsseln weg und stellen Sie einen Blumentopf in jeden Kreis. Stecken Sie in jeden Topf einen Stab, von dem etwa 20 cm hervorschauen. Nun lassen Sie Ihr Kind die Ringe über die Stäbe werfen.

Fangen Sie mit 3 Zielen an und erhöhen Sie die Anzahl auf bis zu 5.

Ältere Kinder können mit Stufe 2 oder 3 beginnen.

Markieren Sie die Stelle, an der Ihr Kind stehen soll, und vergrößern Sie den Abstand, sobald es eine Entfernung sicher beherrscht.

Lust auf mehr?

Mit diesem Spiel lassen sich sehr gut Farben einführen, indem Sie bunte Kreise, Schüsseln und Stäbe verwenden. Genauso können Sie Zahlen einführen, indem Sie die Ziele nummerieren. Sie können natürlich auch beides kombinieren. Zum Beispiel: »Versuch mal, ob du das rote Ziel mit der Nummer 1 triffst.«

32

ZIRKUSAKROBATIK

In gewisser Hinsicht ist das Gleichgewicht bei Kindern der sechste Sinn. Kleine Kinder haben offenbar von Natur aus den Drang, ihr Gleichgewicht zu fördern, und nutzen jede Gelegenheit, um über Baumstämme oder niedrige Mauern zu balancieren. Bei dieser Übung können sie Zirkus spielen und balancieren wie auf einem Drahtseil, nur ganz ohne Risiko.

Das wird gebraucht

- **genug Platz im Freien**
- **bunte Kreide**

Los geht's

1. Suchen Sie sich eine gepflasterte oder asphaltierte Fläche, von der sich Kreide abwaschen lässt.
2. Malen Sie eine gerade, etwa 3 Meter lange Linie auf.
3. Machen Sie Ihrem Kind vor, wie es als Drahtseilakrobat über die Linie laufen soll – immer einen Fuß vor den anderen setzend. Gehen Sie aufrecht, mit nach vorne gerichtetem Blick und seitlich ausgestreckten Armen.
4. Nun ist Ihr Kind dran. Es wird Ihre Hilfe brauchen, damit es auf der Linie bleibt; halten Sie es dann beim Laufen an beiden Händen.

Lust auf mehr?

Wenn Ihr Kind sicher über die Linie laufen kann, könnte es versuchen, in jeder Hand ein Fähnchen zu halten. Oder es trägt eine kleine Glocke, die beim Laufen nicht klingeln soll.

Wenn Ihr Kind bereit ist, über einen Baumstamm oder eine kleine Mauer zu balancieren, lassen Sie es selbst entscheiden, was es versuchen möchte. Kinder haben ein gutes Gespür dafür, welche Höhe ihnen behagt.

33

ZIRKUSAKROBATIK 2

Wenn Ihr Kind das Balancieren auf der Linie beherrscht, kann es weitere Spiele ausprobieren, die Gleichgewicht und Koordination noch mehr fördern. Bei diesen Übungen läuft es ebenfalls auf einer Linie, soll dabei aber Gegenstände tragen. Der Schwierigkeitsgrad nimmt dabei zu, sodass Ihr Kind die nächste Stufe ausprobieren kann, wenn es mit einem Gegenstand gut zurechtkommt.

Das wird gebraucht

- **Kreppband**
- **2 Beanbags oder Plüschtiere**

Los geht's

1 Markieren Sie mit dem Kreppband eine etwa 3 Meter lange Linie.

2 Rufen Sie Ihrem Kind die erste Zirkusübung in Erinnerung, bei der es eine Linie entlang balancierte. Lassen Sie es das noch einmal üben.

3 Erklären Sie, dass es diesmal etwas schwieriger wird: Ihr Kind soll 2 Beanbags in der Hand halten, während es über die Linie läuft. Machen Sie das vor, danach ist Ihr Kind an der Reihe.

Spielen Sie im Freien, könnten Sie Ihrem Kind statt der Beanbags 2 kleine Steine geben.

Lust auf mehr?

Wenn Ihr Kind mit Beanbags gut zurechtkommt, kann es mit Wasser gefüllte Plastikbecher transportieren und darauf achten, dass es nichts verschüttet.

34

ZIELWERFEN

Wenn Ihr Kind einen Ball rollen und annehmen kann, ist es bereit für das »Zielwerfen«. Diese Übung erfordert mehr Koordination, da der Ball nicht nur einfach weggerollt wird, sondern, wie der Name schon sagt, ein bestimmtes Ziel treffen soll. Das Ziel ist dabei mit Wasser gefüllt – das macht mehr Spaß, verhindert jedoch vor allen Dingen, dass der Ball aus dem Ziel heraushüpft.

Das wird gebraucht

- **große Schüssel, z. B. eine Spülschüssel, etwa 10 cm hoch mit Wasser gefüllt**
- **große, wasserfeste Plane (wenn im Haus gespielt wird)**
- **mittelgroßer bis großer, leichter Ball**

Los geht's

1. Stellen Sie die mit Wasser gefüllte Schüssel auf den Boden. Im Haus sollten Sie zuvor den Fußboden im Spielbereich mit einer wasserfesten Plane vor Spritzern schützen.
2. Stellen Sie sich mit dem Ball in der Hand dicht vor die Schüssel und werfen Sie den Ball vorsichtig hinein.
3. Holen Sie den Ball heraus und geben Sie ihn Ihrem Kind. Nun darf es versuchen, die Schüssel zu treffen.

4 Wenn Ihr Kind das Ziel getroffen hat, soll es 1 Schritt zurückgehen und versuchen, den Ball aus der neuen Entfernung zu werfen. Wenn es auch das beherrscht, können Sie den Abstand erneut vergrößern.

5 Wenn Ihrem Kind das Zielwerfen aus verschiedenen Entfernungen gelingt, können Sie die Schwierigkeit erhöhen, indem Sie Schritt 1 bis 4 mit einer kleineren Schüssel und einem kleineren Ball wiederholen.

Bedenken Sie, dass Kinder unterschiedlich lange brauchen, bis sie eine neue Fertigkeit beherrschen. Es kann sein, dass Ihr Kind nicht auf Anhieb alle Ziele erreicht.

35

AUF DER KEGELBAHN

Mit diesem ganz einfachen Kegelspiel können Ihre Kinder bei Ihnen zu Hause kegeln. Sie werden Freude daran haben, wie die Kegel durcheinanderfliegen, wenn sie vom Ball getroffen werden. Dieses Spiel lässt sich allein, zu zweit oder im Team spielen. Außerdem fördert es sehr gut die Hand-Auge-Koordination.

Das wird gebraucht

- **lange, schmale Fläche im Haus oder im Freien, etwa 4 × 1 Meter**
- **5 große, leere Getränkeflaschen mit Deckel**
- **mittelgroßer, leichter Ball**

Sie können die Kegel mit bunten Stickern verzieren oder mit einem Marker nummerieren.

Wenn die Kegel etwas instabil sind, könnten Sie sie mit etwas Wasser oder Reis füllen.

Los geht's

1. Reihen Sie die Kegel an einem Ende der Bahn auf.
2. Bitten Sie die Kinder, sich ans andere Ende zu stellen.
3. Sie könnten die Bahn auch an den Seiten mit Kissen begrenzen, damit sie für die Kinder deutlicher sichtbar ist.
4. Machen Sie vor, wie die Kinder den Ball rollen sollen, um die Kegel umzuwerfen.
5. Lassen Sie die Kinder abwechselnd an die Reihe kommen und helfen Sie ihnen, die Kegel für das nächste Kind wieder aufzustellen.

Lust auf mehr?

Wenn die Kinder das Spiel besser beherrschen und immer mehr Kegel treffen, können Sie die Kegel anders anordnen, damit es schwieriger wird.

36

HULA-HOOP-REIFEN VERZIEREN

Hula-Hoop-Reifen sind ein außerordentlich vielseitiges Spielzeug, sie eignen sich für die verschiedensten Spiele. Bei dieser Beschäftigung gestaltet Ihr Kind einen Reifen ganz nach seinem Geschmack. Ich habe das klassische Spiralmuster gewählt, aber wenn Ihr Kind sehr kreativ ist, gibt es reichlich Alternativen.

Das wird gebraucht

- **Hula-Hoop-Reifen**
- **Metallic-Klebeband, beliebige Farbe**
- **Schere**
- **Schnur oder Garn, etwa 40 cm lang**

Lust auf mehr?

Sie könnten auch die folgenden Muster ausprobieren:

- Doppel- oder Dreifachspirale
- Kreuzmuster
- Karos: Kreuzmuster ohne Zwischenräume mit verschiedenfarbigem Band
- Regenbogen: Umwickeln Sie den Reifen in gleichmäßigen Abschnitten lückenlos mit den 7 Regenbogenfarben.

Los geht's

1. Legen Sie den Hula-Hoop-Reifen mit Klebeband, Schere und Garn auf den Tisch.
2. Erklären Sie Ihrem Kind, dass es den Hula-Hoop-Reifen gestalten darf.
3. Schneiden Sie mehrere, etwa 20 cm lange Stücke von dem Klebeband ab.
4. Demonstrieren Sie mit dem Garn, wie man den Reifen spiralförmig umwickelt; Ihr Kind darf entscheiden, wie groß die Abstände in der Spirale sein sollen.
5. Kleben Sie das erste Stück Metallicband spiralförmig um den Reifen.
6. Nun lassen Sie Ihr Kind die Spirale mit den anderen Stücken weiterführen, bis der ganze Reifen verziert ist.

37

GUMMITWIST

In meiner Kindheit waren bei diesem Spiel zwei Kinder die »Pfosten«, eines durfte hüpfen, dann wurde durchgetauscht. In dieser Version wird das Gummiband an zwei Stühlen befestigt; aber wenn mehrere Kinder mitmachen, können Sie die klassische Variante spielen. Bei dieser Übung wird eine ganz einfache Sprungfolge einstudiert; wenn Ihr Kind diese gut beherrscht, kann es kompliziertere Abfolgen lernen.

Das wird gebraucht

- **Gummiband, 5 bis 7 Meter lang, die Enden zusammengebunden**
- **2 stabile Stühle**

Befestigen Sie das Band bei kleineren Kindern 10 cm über dem Boden.

Achten Sie darauf, dass die Stühle stabil sind; gegebenenfalls können Sie die Sitzfläche beschweren.

Los geht's

1. Stellen Sie die Stühle im Abstand von etwa 5 Metern mit den Lehnen zueinander auf.
2. Lassen Sie Ihr Kind dabei helfen, das Gummiband etwa 20 cm über dem Boden um die hinteren Stuhlbeine zu legen, sodass ein Rechteck entsteht.
3. Stellen Sie sich so hin, dass 1 Band zwischen Ihren Beinen verläuft, und springen Sie dann so, dass Sie mit beiden Beinen über dem anderen Band landen. Lassen Sie Ihr Kind das üben.
4. Nun stellen Sie beide Füße in die Mitte, springen nach außen, sodass beide Bänder zwischen Ihren Beinen liegen, und dann wieder zurück. Springen Sie noch einmal nach außen und dann auf beide Bänder drauf.
5. Nun ist Ihr Kind dran. Wenn es das schafft, soll es versuchen, beide Sprungfolgen zu kombinieren.

Lust auf mehr?

Wenn sich Ihr Kind bei diesem Spiel sicher fühlt, schieben Sie das Band höher, sodass das Springen anstrengender wird.

Beim Hüpfen kann Ihr Kind einen Reim aufsagen, zum Beispiel:

Hexenhaus, rein, raus,
Hex' kommt raus,
Jetzt ist's aus.

Das Spiel lässt sich gut gemeinsam mit anderen spielen. Variieren Sie Sprungfolge und Reim; online gibt es viele Anregungen dazu.

38

EIN FADENSPIEL SPIELEN

Fadenspiele zählen zu den ältesten bekannten Spielen der Menschheit und sind in verschiedensten Kulturen der Welt zu finden. Traditionell spielt man sie mit einem Partner, der die Fäden »abnimmt«, sodass sich eine andere Form ergibt. Bei diesem Spiel werden nacheinander vier verschiedene Formen gebildet. Beim ersten Versuch wird Ihrem Kind das sehr schwierig erscheinen, aber wenn es diese neue Fähigkeit beherrscht, wird es viel Freude daran haben.

Das wird gebraucht

- **Woll- oder Bindfaden, etwa 1 Meter lang**

Wenn Sie dieses Spiel vorstellen, können Sie anfangs nur Schritt 1 und 2 wiederholen und die nächsten Schritte nach und nach einführen.

Los geht's

1 Knoten Sie zunächst den Wollfaden zu einer Schlinge zusammen.

2 Lassen Sie Ihr Kind die Hände 30 bis 40 cm auseinander halten und die Handflächen gegeneinander richten.

3 Wickeln Sie ihm den Wollfaden einmal um jedes Handgelenk und lassen Sie es beide Wollfäden straffziehen.

4 Nun soll Ihr Kind mit dem Mittelfinger der rechten Hand den Wollfaden vom linken Handgelenk zum rechten ziehen. Diese Bewegung wiederholt es mit dem Mittelfinger der linken Hand. So entsteht ein Kreuzmuster.

5 Nun legen Sie von der Seite Daumen und Zeigefinger beider Hände in die beiden Kreuze, legen Zeigefinger und Daumen jeweils zusammen, sodass die Fäden Ihnen nicht wegrutschen, ziehen diese nach außen, führen sie unter dem unteren Faden hindurch und dann durch die Mitte nach oben. Gleichzeitig löst Ihr Kind seine Finger, während Sie Daumen und Zeigefinger spreizen. Jetzt haben Sie die zweite Form, ein horizontales Kreuz.

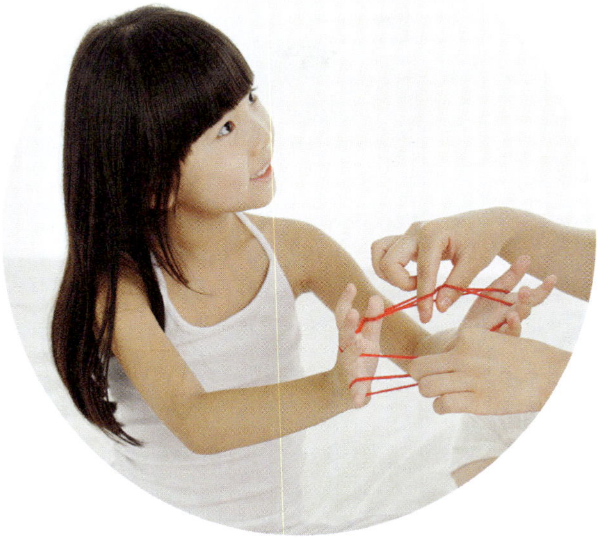

Achten Sie darauf, dass der Faden beim letzten Schritt nicht von den kleinen Fingern rutscht, sonst wird es nicht klappen.

6 Bitten Sie Ihr Kind, mit Daumen und Zeigefingern beider Hände beide Kreuze der beiden seitlichen X-Formen zu fassen und sie über die äußeren Fäden nach unten durch die Mitte nach oben zu ziehen, sodass die nächste Form entsteht.

7 Nun haken Sie den kleinen Finger der rechten Hand unter den inneren linken Faden und ziehen ihn nach rechts, sodass ein Dreieck entsteht. Das wiederholen Sie mit dem kleinen Finger der linken Hand am rechten inneren Faden, den Sie nach links ziehen. Dadurch ergibt sich eine Rautenform.

8 Drücken Sie Daumen und Zeigefinger beider Hände zusammen, führen Sie sie in die Dreiecke und durch die Mitte nach oben, während die Fäden weiter an Ihren kleinen Fingern hängen. Spreizen Sie Daumen und Zeigefinger, während Ihr Kind seine Finger löst. Nun haben Sie wieder das Kreuzmuster von Schritt 4, nur liegen die Kreuze unten. Um wieder ein horizontales Kreuz zu bekommen, müssen Sie die Kreuze nun nach oben über die oben liegenden Fäden und dann nach unten ziehen.

Lust auf mehr?

Wenn Ihr Kind diese Abfolge beherrscht, könnte es mit anderen Kindern einen Wettbewerb starten.

39

BEWEGUNGEN MIT DEM BÄNDERSTAB

Seit über 20 Jahren unterrichte ich Kinder, und bislang ist mir noch keines begegnet, das sich nicht gern zu Musik bewegt hat. Manche Kinder tun sich mit Springen, Hüpfen, Hopsen oder Balancieren schwer, aber wenn Musik ins Spiel kommt, sind sie oft so verzückt bei der Sache, dass die motorischen Schwierigkeiten gar keine Rolle mehr spielen. Außerdem wird Ihr Kind Freude daran haben, sich so zu bewegen wie das Band am Stab.

Das wird gebraucht

- **Stab, etwa 1 Meter lang, mit einem Band oder dünnem Streifen Krepppapier**
- **lebhafte Musik mit wechselndem Tempo**

Bei jüngeren Kindern könnten Sie die Bewegungen zunächst mit einem zweiten Stab vormachen, bis sie sich allein sicher fühlen.

Los geht's

1. Zeigen Sie Ihrem Kind das Band am Stab und machen Sie vor, wie es sich bewegt, wenn Sie mit dem Arm unterschiedliche Bewegungen ausführen.
2. Geben Sie Ihrem Kind den Stab und sagen Sie, dass Sie nun Musik einschalten, damit es den Stab im Takt bewegen kann.
3. Wenn sich Ihr Kind zur Musik bewegt, schlagen Sie gegensätzliche Bewegungen vor, zum Beispiel langsame und schnelle, in die Höhe springen und kauern, in der Luft und am Boden wirbeln.
4. Machen Sie unterschiedliche Bewegungsarten vor, zum Beispiel Trippelschritte, Riesenschritte, Hüpfen, Galoppieren, Hopsen, Springen, Drehen.

5 Bitten Sie Ihr Kind, sich 3 Lieblingsbewegungen auszusuchen und diese nacheinander auszuführen.

6 Diese Bewegungsfolge soll es einüben, bis die Bewegungen nahtlos ineinander übergehen. Verkünden Sie, dass es damit einen eigenen Tanz erfunden hat.

Lust auf mehr?

Dieses Spiel ist ideal, wenn mehrere Kinder zu Besuch sind; es können beliebig viele Kinder mitmachen.

Sie könnten ein Thema für den Tanz vorgeben, zum Beispiel Tiere. Dazu eignet sich Musik wie »Peter und der Wolf« (von Sergej Prokofjew) oder »Karneval der Tiere« (von Camille Saint-Saëns).

40

HIMMEL UND HÖLLE SPIELEN

Dieses Spiel ist rundum perfekt, denn es fördert nicht nur die Grobmotorik sowie die Balance und die Hand-Auge-Koordination, sondern es übt gleichzeitig auch das Zahlenschreiben und die Reihenfolge der Zahlen. Ein echter Volltreffer! Sie benötigen allerdings eine ausreichend große Außenfläche, auf der Sie das Spielfeld aufmalen können.

Das wird gebraucht

- **2 Stück weiße oder farbige Kreide**
- **2 kleine Steine**

Mit der Ziffer 2 haben viele Kinder besondere Schwierigkeiten. Wenn Ihr Kind sie nicht richtig schreiben kann, nehmen Sie das nur zur Kenntnis und üben Sie es später.

Los geht's

1. Bitten Sie Ihr Kind, Ihnen zu helfen, das Spielfeld aufzuzeichnen.
2. Malen Sie mit der Kreide ein Quadrat. Fragen Sie Ihr Kind, welche Zahl die erste ist, und lassen Sie es die 1 in das Feld schreiben.
3. Über das Feld mit der 1 zeichnen Sie zwei gleich große Quadrate.
4. Lassen Sie Ihr Kind die beiden nächsten Zahlen eintragen.
5. Wiederholen Sie die Schritte 2 bis 4, bis das Spielfeld bis zur Zahl 10 komplett ist.
6. Machen Sie das Spiel vor, indem Sie den Stein auf die 1 werfen, dorthin hüpfen, den Stein aufheben und zurückhüpfen. Machen Sie weiter bis Feld 5 und lassen Sie dann Ihr Kind an die Reihe.

Lust auf mehr?

Wenn Ihr Kind Zahlen sehr liebt, können Sie das Spielfeld bis 20 erweitern.

Als Variante können Sie nur auf gerade oder ungerade Zahlen springen.

41

DAS STÄBCHENSPIEL

Die meisten Erwachsenen und Kinder kennen sicher das klassische Mikado, das die Hand-Auge-Koordination und die Feinmotorik fördert und außerdem Nerven wie Drahtseile und Geduld erfordert. Ich verwende für dieses Spiel Holzspieße, die man im Supermarkt bekommt, aber es gibt auch Alternativen. In dieser ersten Version, mit der Ihr Kind noch lernt, sind die Stäbchen nicht bunt.

Das wird gebraucht

- 1 Päckchen Holzspieße

Los geht's

1. Sagen Sie Ihrem Kind, dass Sie ihm ein tolles Stäbchenspiel beibringen wollen.
2. Setzen Sie sich beide auf den Boden, fassen Sie die Stäbchen zu einem Bündel zusammen und lassen Sie sie dann frei auf den Boden fallen.
3. Erklären Sie Ihrem Kind, dass man bei diesem Spiel jeweils 1 Stäbchen aufheben soll, ohne dass sich die anderen bewegen. Dafür bekommt man einen Punkt.
4. Heben Sie nun als Beispiel 1 Stäbchen auf, ohne dass sich ein anderes bewegt, und lassen Sie dann Ihr Kind weitermachen.
5. Weisen Sie noch einmal darauf hin, dass es keinen Punkt bekommt, wenn sich ein anderes Stäbchen bewegt.
6. Spielen Sie weiter, bis alle Stäbchen aufgehoben wurden.

Gefahrenhinweis: Holzspieße haben spitze Enden, deshalb weisen Sie Ihr Kind auf die Spitzen hin und beaufsichtigen Sie es beim Spielen.

Lust auf mehr?

Wenn Ihr Kind das Spiel verstanden hat, könnten Sie die Stäbchen färben, indem Sie sie anmalen oder kurz in Lebensmittelfarbe tauchen. Jede Farbe könnte für eine bestimmte Punktezahl stehen.

Wenn Ihr Kind dieses Spiel beherrscht, kann es gemeinsam mit anderen Kindern spielen.

42

JACKS SPIELEN

Dieses Spiel gab es schon im alten Ägypten und im antiken Griechenland, wo es »Fünfsteinspiel« oder »Knöchelspiel« genannt wurde. Es ist bestechend einfach und macht allen Generationen Spaß. Das Spiel fördert nicht nur Hand-Auge-Koordination, Gedächtnis und Konzentration, sondern hat auch eine mathematische Seite, da man die Spielsteine zählen muss.

Das wird gebraucht

- **10 kleine Gegenstände wie »Jacks« oder Steine**
- **kleiner Flummi**

Los geht's

1 Führen Sie Ihrem Kind das Spiel einmal vor. Werfen Sie dazu die Jacks oder Steine wie bei einem Würfelwurf auf den Tisch oder den Boden.

2 Werfen Sie dann den Ball hoch. Während er in der Luft ist, nehmen Sie einen Spielstein und fangen dann den Ball wieder – alles mit der gleichen Hand –, bevor er auf dem Boden auftrifft.

3 Nun ist Ihr Kind an der Reihe; lassen Sie es mehrmals üben.

4 Die erste Runde heißt »Einer«. Man legt den erfolgreich aufgehobenen Spielstein dann jeweils in die andere Hand und sammelt mit der anderen der Reihe nach alle 10 Spielsteine auf.

5 Lassen Sie Ihr Kind nacheinander alle Spielsteine aufsammeln.

6 Die nächste Runde heißt »Zweier«, nun werden jeweils 2 Spielsteine aufgehoben, während der Ball in der Luft ist. Danach geht es weiter mit 3, 4 und 5 Spielsteinen. Bei 6 oder mehr Spielsteinen müssen die verbliebenen nicht mehr aufgehoben werden.

Lust auf mehr?

Sie können selbst festlegen, ob und wie oft der Ball aufticken darf, bis man die Spielsteine aufgesammelt hat. Gerade zum Üben kann das sinnvoll sein.

Wenn Ihrem Kind das Fangen schwerfällt, können Sie mit 5 statt mit 10 Spielsteinen spielen.

43

WEBEN AN EINEM GELÄNDER

Die Bewegung beim Weben bildet die Grundlage für viele verschiedene Übungen, sie fördert die Hand-Auge-Koordination und die Entwicklung Ihres Kindes und kräftigt gleichzeitig seine Fingermuskulatur und Handgelenke. Ein Geländer ist für die ersten Webübungen sehr gut geeignet, denn es ist so groß, dass Ihr Kind deutlich erkennen kann, wie das Muster entsteht, wenn Sie mit dem Material hin und her weben.

Das wird gebraucht

- **ca. 1 Meter lange Bänder oder Stoffstreifen, z. B. ein zerschnittenes Bettlaken**
- **ca. 1 Meter langes Geländerstück**

Los geht's

1 Wählen Sie am besten ein Geländerstück an einem flachen Treppenabsatz. Wenn Ihr Kind rechtshändig ist, sollte es links von Ihnen auf der Treppe sitzen, aber in sicherem Abstand zu den abwärts führenden Stufen (bei linkshändigen Kindern umgekehrt).

2 Erklären Sie Ihrem Kind, dass Sie ihm nun zeigen werden, wie man webt. Knoten Sie das Ende eines Bandstücks an einen etwa 1 Meter entfernten Geländerstab zu Ihrer Linken.

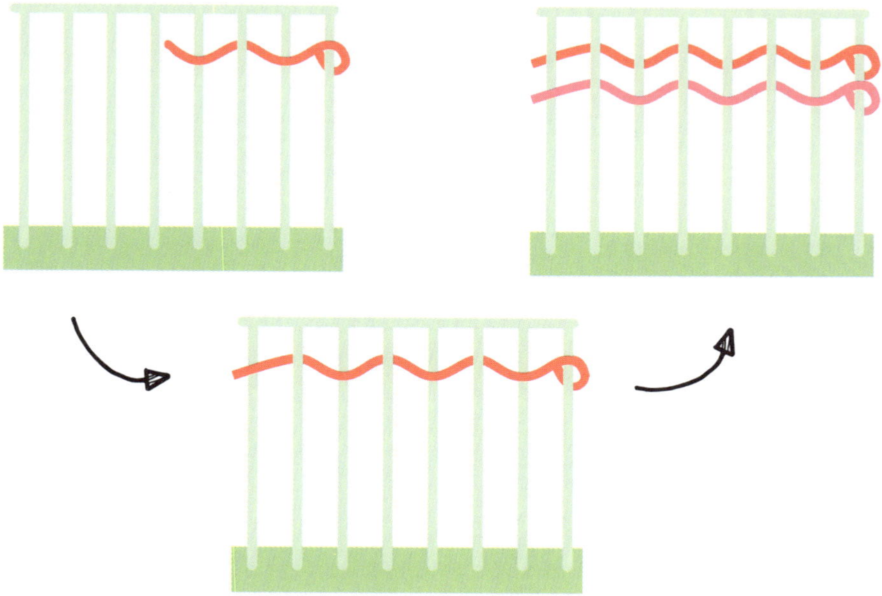

3 Nun weben Sie das Band bis zum Ende durch die Geländerstäbe.

4 Dann lösen Sie das Band wieder und übergeben es Ihrem Kind.

5 Wenn Ihr Kind die Webbewegung beherrscht, lassen Sie es ein zweites Band dazu weben, diesmal unterhalb oder oberhalb des ersten Bandes.

Wenn Ihr Kind die Webbewegung nicht sofort versteht, machen Sie diese einfach noch einmal vor.

Lust auf mehr?

Probieren Sie verschiedene Materialien aus, vom Krepppapier bis hin zur Wolle. Weben Sie aus dem Material ein farbiges Muster. Wenn Ihr Kind mit dem Geländer gut zurechtkommt, können Sie – wenn es richtig knifflig sein soll – Schnürsenkel durch die Bespannung eines Tennisschlägers weben.

44

KETTEN DURCH PAPPROLLEN FÄDELN

Auch diese wunderbare und ganz einfache Übung wird Ihr Kind sehr faszinieren und ist ideal, um die Hand-Auge-Koordination zu fördern und die Fingermuskulatur zu trainieren. Darüber hinaus lässt sie sich sehr leicht vorbereiten.

Das wird gebraucht

- **Papprolle (wie von einer Küchenrolle)**
- **Messer, um die Rolle zu zerschneiden**
- **Glöckchen, Tennisball oder anderer kleiner Gegenstand, der größer ist als das Röhrenende**
- **etwa 1 Meter lange Kette oder Kordel (auch ein Bademantelgürtel ist geeignet)**

Los geht's

1. Binden Sie zunächst die Glocke an ein Ende der Kette. Sie dient als Stopfen und verhindert, dass die Rollen von der Kette rutschen.
2. Legen Sie die Kette auf den Boden oder auf einen niedrigen Tisch.
3. Schneiden Sie die Rolle in 2 Teile.
4. Zeigen Sie Ihrem Kind, wie man die Kette durch die Rollen zieht und die Rollen wie Perlen auffädelt.
5. Ziehen Sie dann die Rollenstücke von der Kette; nun darf Ihr Kind die Übung ausprobieren.

Wenn Sie diese Übung vorführen, muss Ihr Kind links von Ihnen sitzen, damit es Ihre Hände gut sehen kann. Wenn Ihr Kind linkshändig ist, müssen Sie zum Durchfädeln die linke Hand benutzen, während Ihr Kind rechts von Ihnen sitzt.

Lust auf mehr?

Wenn Ihr Kind die Papprolle auf die Kette fädeln kann, versuchen Sie, Schnürsenkel durch Garnrollen zu fädeln.

45

NUDELN AUFFÄDELN

Wenn Ihr Kind die Fädelübung mit der Papprolle beherrscht, kann es als Nächstes versuchen, Nudeln aufzufädeln. Das erfordert ein höheres Maß an Feinmotorik.

Das wird gebraucht

- **mehrere Stücke Schnur, etwa 50 cm lang**
- **1 Paket Rigatoni (Röhrennudeln)**

Los geht's

1. Legen Sie die Schnur und die Nudeln auf einen niedrigen Tisch oder auf den Boden.
2. Bitten Sie Ihr Kind zu sich und erklären Sie, dass Sie ihm zeigen wollen, wie man Nudeln auf eine Schnur auffädelt.
3. Nehmen Sie eine Nudel und fädeln Sie sie auf die Schnur. Knoten Sie diese Nudel einige Zentimeter vor dem Fadenende fest, sodass diese erste Nudel als Stopper für die restliche Kette dient.
4. Machen Sie Ihrem Kind vor, wie man eine Nudel auf die Schnur fädelt.
5. Nun darf Ihr Kind das versuchen.
6. Lassen Sie Ihr Kind die Nudeln auffädeln, bis die Schnur gefüllt ist.

Wenn Ihr Kind diese Übung zum ersten Mal macht, nehmen Sie die größten Röhrennudeln, die Sie finden.

Sie können aus Nudeln eine farbige Halskette basteln — dazu brauchen Sie nur ein wenig Lebensmittelfarbe.

Los geht's

1. Lassen Sie Ihr Kind Nudeln auf eine Schnur fädeln. Geben Sie dann einen Teelöffel Lebensmittelfarbe in eine Schüssel mit Wasser.
2. Heben Sie die Kette an beiden Enden hoch, geben Sie sie Ihrem Kind und erklären Sie, dass es die Nudeln so in das farbige Wasser tauchen soll, dass alle Nudeln bedeckt sind.
3. Weisen Sie darauf hin, dass Ihr Kind die Schnur gut festhalten muss.
4. Lassen Sie die Nudeln ein paar Minuten im Wasser, bis sie Farbe angenommen haben.
5. Bitten Sie Ihr Kind, die Nudelkette aus dem Wasser zu nehmen.
6. Hängen Sie die Nudelkette zum Trocknen auf und legen Sie Küchenpapier darunter, um Tropfen aufzufangen. Ist die Kette getrocknet, können Sie sie um den Hals Ihres Kindes befestigen.

Lust auf mehr?

Sie könnten zwei Nudelketten in unterschiedlichen Farben basteln. Wenn beide getrocknet sind, kann Ihr Kind die Nudeln auf einem neuen Faden zu einer zweifarbigen Kette auffädeln.

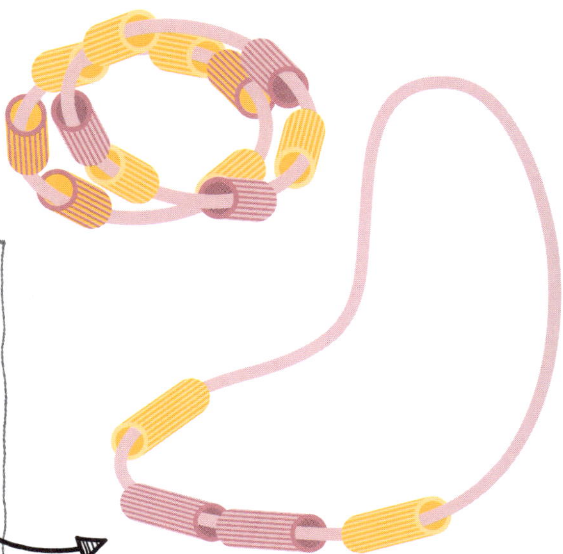

46

KNÖPFE AUF PFEIFENPUTZER FÄDELN

Dieses Spiel ist mein absoluter Favorit von allen Übungen für die Hand-Auge-Koordination. Es fördert nicht nur die Koordination, sondern auch die Konzentration. Schon die Allerkleinsten sind oft über längere Zeit ganz darin vertieft, fast so, also würde diese Beschäftigung ein inneres Bedürfnis stillen. Mir gefällt auch gut, dass es bei dieser Übung so viele Varianten und Schwierigkeitsstufen gibt. Für den Anfang ist ein Pfeifenputzer ideal, weil er starr ist und sich deshalb leichter führen lässt als beispielsweise ein Schnürsenkel.

Das wird gebraucht

- **2 bis 5 Pfeifenputzer**
- **Knöpfe**

Pfeifenputzer gibt es in unterschiedlichen Farben, Dicken und Größen – achten Sie darauf, dass die Löcher in den Knöpfen groß genug sind, bevor Sie dieses Projekt starten.

Los geht's

1 Erklären Sie Ihrem Kind, dass Sie ihm ein Fädelspiel zeigen wollen.

2 Rollen Sie an einem Pfeifenputzer ein Ende zu einer kleinen Kugel zusammen.

3 Geben Sie Ihrem Kind einen Pfeifenputzer, damit es auch eine kleine Kugel am Ende formen kann.

4 Fädeln Sie einen Knopf auf Ihren Pfeifenputzer und lassen Sie Ihr Kind einen Knopf aussuchen und ihn ebenfalls auffädeln.

5 Wenn Sie sicher sind, dass Ihr Kind die Übung verstanden hat, lassen Sie es eigenständig arbeiten. Sagen Sie ihm, dass es nun alle Knöpfe auffädeln soll.

Lust auf mehr?

Fragen Sie Ihr Kind, ob es mit seinen Knöpfen ein Muster auf dem Pfeifenputzer bilden kann.

Später können Sie statt Pfeifenputzer auch Bilderdraht, Schnürsenkel oder Bindfaden verwenden. Siehe auch das Spiel auf Seite 160.

Sie können Perlen, zusammengerollte Alufolie, zerschnittene Strohhalme oder trockene Nudeln auffädeln.

47

FISCHE FLIEGEN LASSEN

Dieses Spiel kombiniert zwei Übungen. Erst bastelt Ihr Kind einen Fisch, dann lernt es, ihn mithilfe einer Zeitung fortzubewegen. Wenn mehrere Kinder mitmachen oder Sie selbst auch einen Fisch basteln, können Sie ein Wettrennen veranstalten.

Das wird gebraucht

- **Bild von einem Fisch (wie rechts gezeigt); kopieren Sie pro Kind ein Bild**
- **Buntstifte, Wachsmalstifte oder Filzstifte**
- **Schere**
- **Zeitung oder Zeitschrift für jedes Kind**

Los geht's

1. Erklären Sie Ihrem Kind, dass Sie einen fliegenden Fisch basteln wollen.
2. Lassen Sie Ihr Kind den fotokopierten Fisch ausmalen.
3. Helfen Sie Ihrem Kind, den Fisch auszuschneiden.

4 Legen Sie den fertigen Fisch auf den glatten Fußboden (ohne Teppich).

5 Zeigen Sie Ihrem Kind, wie man den Fisch vorwärts bewegen kann, indem man mit einer Zeitung die Luft hinter ihm fächelt.

6 Nun ist Ihr Kind an der Reihe. Es soll versuchen, den Fisch mithilfe der Fächelbewegung fliegen zu lassen.

7 Wenn das Spiel mit mehreren Kindern gespielt wird, legen Sie alle Fische in eine Reihe, damit ein Wettrennen starten kann.

Der Fußboden muss glatt sein, am besten eignet sich Holz- oder Laminatboden.

48

FLÜSSIGKEITEN MIT EINER PIPETTE TRANSPORTIEREN

Wenn Sie einmal überlegen, wie oft am Tag Sie Daumen und Zeigefinger verwenden, wird Ihnen schnell klar, wie wichtig die Muskulatur in diesen Fingern ist. Mit dieser Übung kann Ihr Kind diese Muskeln trainieren und kräftigen, denn es befördert mit einer Pipette Flüssigkeit von einem Behälter in einen anderen. Das fördert nicht nur die Hand-Auge-Koordination, sondern ist auch ein gutes Training für die Muskulatur, die Ihr Kind später braucht, wenn es schreiben lernt.

Das wird gebraucht

- **2 Gläser oder durchsichtige Plastikbecher**
- **kleines Tablett**
- **Lebensmittelfarbe nach Wahl**
- **Pipette**

Los geht's

1. Bitten Sie Ihr Kind, ein Glas zur Hälfte mit Wasser zu füllen und auf das Tablett zu stellen.
2. Bitten Sie Ihr Kind, das leere Glas mit etwas Abstand ebenfalls auf das Tablett zu stellen.
3. Geben Sie ein paar Tropfen Lebensmittelfarbe in das Wasser.
4. Zeigen Sie Ihrem Kind mit dem gefärbten Wasser, wie die Pipette funktioniert. Ihr Kind soll die Pipette an diesem Glas ausprobieren.
5. Erklären Sie ihm nun, dass es das gefärbte Wasser in das leere Glas befördern soll. Zeigen Sie kurz, wie das geht, und lassen Sie dann Ihr Kind weitermachen.
6. Wenn dann gesamte Wasser im anderen Glas ist, kann Ihr Kind die Übung wiederholen.

Lust auf mehr?

Sie könnten weitere Gläser dazunehmen, bis zu 4 Stück.

Wenn Ihr Kind die Benutzung der Pipette beherrscht, könnten Sie eine kleinere Pipette und statt Gläsern Eierbecher verwenden.

Das Tablett definiert den Arbeitsbereich (nehmen Sie ein einfarbiges ohne Muster). Es lässt sich im Anschluss leicht reinigen.

49

SCHRAUBEN UND MUTTERN ZUORDNEN

Bei dieser Übung macht Ihr Kind die gleiche Drehbewegung mit Daumen und Zeigefinger wie bei der Übung »Behälter öffnen und schließen« auf Seite 156, allerdings ist die Bewegung hier kleiner und feiner. Und Ihr Kind muss selbst herausfinden, welche Muttern auf die Schrauben passen.

Das wird gebraucht

- **8 Muttern**
- **8 passende Schrauben**
- **Tablett, am besten einfarbig**

Los geht's

1. Legen Sie die Schrauben und Muttern auf einem Tablett auf den Tisch.
2. Bitten Sie Ihr Kind an den Tisch und kündigen Sie ein neues Spiel an.
3. Legen Sie die 8 Schrauben in 1 Reihe und darunter die Muttern in 1 Reihe.

Bei Kleinteilen besteht Erstickungsgefahr, deshalb ist diese Übung für Kinder unter 3 Jahren nicht geeignet!

4 Wählen Sie 1 Schraube und 1 Mutter aus und probieren Sie, ob beides zusammenpasst. Wenn Sie das richtige Paar gefunden haben, drehen Sie die Mutter auf die Schraube. Das wiederholen Sie mit der nächsten Schraube.

5 Drehen Sie die beiden Paare auseinander, legen Sie sie zurück und mischen Sie die Reihen.

6 Fordern Sie nun Ihr Kind auf, alle Schrauben und Muttern zuzuordnen und zusammenzudrehen.

Lust auf mehr?

Sie könnten eine Werkstatt für ein Rollenspiel einrichten.

Sie können Ihrem Kind erläutern, wozu man Schrauben und Muttern verwendet und wie man einen Schraubendreher benutzt.

50

SCHRAUBEN UND MUTTERN MIT MAGNETEN SORTIEREN

Schrauben, Muttern und Magnete sind für Kinder unendlich faszinierend. Bei diesem Spiel lernt Ihr Kind, Metallgegenstände mit einem Magneten zu sortieren. Dazu braucht es eine ruhige Hand und ungestörte Konzentration sowie ein scharfes Auge, um die unterschiedlich großen Schrauben und Muttern zu unterscheiden.

Das wird gebraucht

- **Tablett, möglichst einfarbig**
- **viele Schrauben und Muttern in unterschiedlicher Größe (mindestens 4 bis 6)**
- **4 bis 6 Behälter**
- **großer Magnet**

Verwenden Sie anfangs nur 3 oder 4 Behälter und verteilen Sie Schrauben und Muttern breit auf dem Tablett. Wenn Ihr Kind die Übung beherrscht, können Sie die Teile dichter zusammenlegen und bis zu 6 Behälter verwenden.

Los geht's

1. Bitten Sie Ihr Kind an den Tisch und kündigen Sie ein tolles neues Spiel an.
2. Stellen Sie das Tablett vor Ihr Kind und verteilen Sie die Schrauben und Muttern darauf.
3. Reihen Sie die Behälter direkt vor dem Tablett auf.
4. Heben Sie nun mit dem Magneten eine der Schrauben hoch und legen Sie sie in einen der Behälter. Nun soll Ihr Kind eine Schraube in genau der gleichen Größe suchen, ebenfalls herausholen und in den Behälter legen.
5. Wenn alle Schrauben einer Größe sortiert sind, suchen Sie eine bestimmte Muttergröße.
6. So geht es weiter, bis alle Muttern und Schrauben gemäß ihren Größen in die Behälter sortiert sind.

Aufgrund der kleinen Teile ist dieses Spiel für Kinder unter 3 Jahren nicht geeignet.

Lust auf mehr?

Überlegen Sie gemeinsam, wo im Haus Schrauben und Muttern zum Einsatz kommen.

Gehen Sie auf Magnetjagd, um zu ermitteln, was im Haus magnetisch ist.

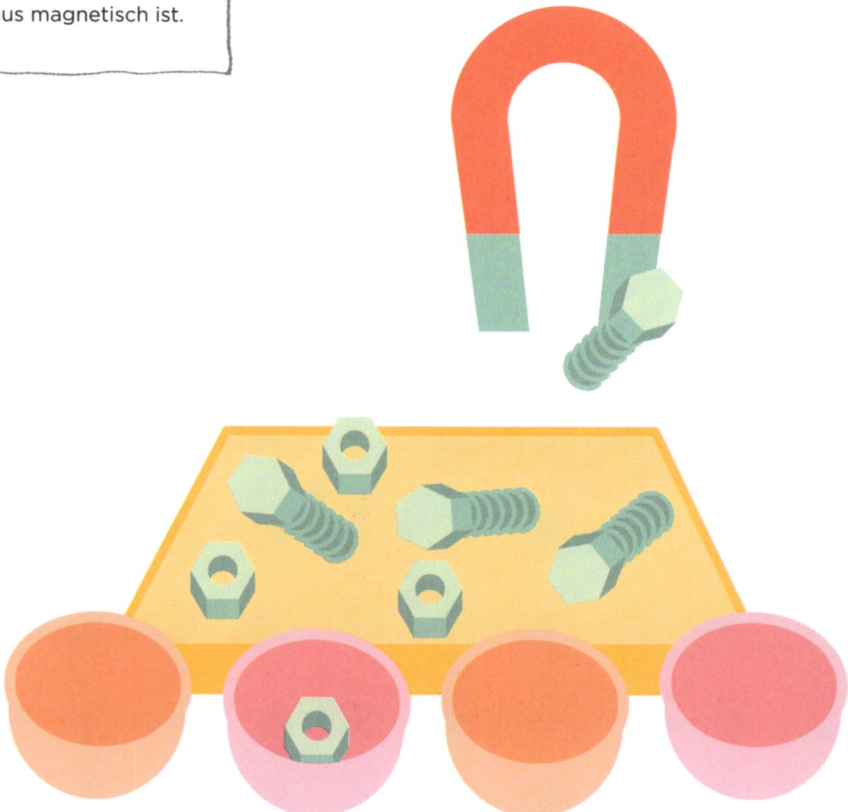

3

KOMPETENZEN FÜR DEN ALLTAG

Die Übungen in diesem Kapitel vermitteln Ihrem Kind wichtige Kompetenzen für den Alltag. Uns Erwachsenen mögen diese Tätigkeiten simpel erscheinen, weil wir sie ganz automatisch erledigen. Ihr Kind jedoch wird stolz auf sich sein und Selbstvertrauen schöpfen, wenn es diese Tätigkeiten allein beherrscht.

Die erste Gruppe von Übungen vermittelt grundlegende Elemente der Körperpflege wie Händewaschen und Haarekämmen. Dann folgen Übungen wie Schuheanziehen und das Gießen von Flüssigkeiten, mit denen Ihr Kind zudem die Hand-Auge-Koordination trainiert.

51

HÄNDE WASCHEN

Kaum eine Fähigkeit ist so elementar, wie sich die Hände waschen und abtrocknen zu können – dennoch beherrschen sie viele Kindergartenkinder noch nicht. Wie stolz wird Ihr Kind sein, wenn es sich allein die Hände waschen kann! Am Waschbecken ist dies anfangs oft etwas schwierig, deshalb üben Sie zunächst wie beschrieben mit einer Schüssel Wasser.

Das wird gebraucht

- **große Plastikschüssel**
- **1 Stück Seife in einer Seifenschale oder einen Seifenspender**
- **mittelgroßer Krug mit warmem Wasser**
- **2 Handtücher**
- **Tablett**

Los geht's

1. Bringen Sie alle Utensilien an den Tisch. Stellen Sie die Schüssel auf das Tablett und alles Übrige rechts daneben (bei linkshändigen Kindern links). Füllen Sie die Schüssel zur Hälfte mit Wasser.
2. Machen Sie sich die Hände nass und seifen Sie sie langsam ein, sodass Ihr Kind sieht, dass die Hände mit Seifenschaum bedeckt sind. Legen Sie die Seife zurück in die Schale bzw. erklären Sie, dass man nur 1 bis 2 Spritzer aus einem Seifenspender braucht.

Wenn sich Ihr Kind die Hände waschen kann, erklären Sie ihm, wieso das wann nötig ist. Erinnern Sie Ihr Kind nach dem Toilettengang, vor dem Essen und vor dem Kochen ans Händewaschen, bis es von selbst daran denkt. Gehen Sie mit gutem Beispiel voran!

3 Spülen Sie die Seife im Wasser ab. Trocknen Sie Ihre Hände dann mit dem Handtuch ab – so langsam, dass Ihr Kind sieht, wie Sie alle Stellen trocken reiben.

4 Wechseln Sie nun das Wasser und fragen Sie Ihr Kind, wieso es frisches Wasser braucht. Zeigen Sie ihm das schmutzige Wasser, um ihm auf die Sprünge zu helfen. Nun ist Ihr Kind an der Reihe.

Lust auf mehr?

Zeigen Sie Ihrem Kind, wie es sich die Hände am Waschbecken wäscht. Lassen Sie es dazu auf einem Hocker stehen und zeigen Sie ihm, wie man den Wasserhahn betätigt und die Wassertemperatur prüft, und auch, wie der Stöpsel des Waschbeckens funktioniert.

Zeigen Sie Ihrem Kind, wie es sich beim Husten die Hand vor den Mund hält, und erklären Sie, wieso das wichtig ist.

52

ZÄHNE PUTZEN

Das Zähneputzen ist eine Maßnahme, die man nicht früh genug lernen kann. Erklären Sie Ihrem Kind, wann wir uns die Zähne putzen müssen, etwa nach dem Essen und vor dem Schlafengehen. Erläutern Sie außerdem, wieso man sich Zahnbürsten und Handtücher nicht teilt.

Das wird gebraucht

- **2 Zahnbürsten**
- **große Plastikschüssel**
- **2 Becher**
- **Tube mit Zahnpasta**
- **Kosmetikspiegel mit Ständer**
- **mittelgroßer Krug mit Wasser**
- **2 Handtücher**
- **Tablett**

Los geht's

1. Legen Sie alles bereit, stellen Sie den Spiegel in die Mitte. Nehmen Sie Ihren Becher, Ihre Zahnbürste und Ihr Handtuch zu sich. Füllen Sie den Becher halb mit Wasser und stellen Sie ihn rechts neben die Schüssel. Lassen Sie Zahnbürste, Becher und Handtuch Ihres Kindes vorerst auf dem Tablett.
2. Öffnen Sie die Zahnpasta und drücken Sie eine erbsengroße Menge auf Ihre Zahnbürste.
3. Putzen Sie sich langsam Zähne und Zahnfleisch, während Sie in den Spiegel schauen. So versteht Ihr Kind, warum man dabei den Spiegel benutzt.
4. Spülen Sie sich dann den Mund mit Wasser aus dem Becher aus. Reinigen Sie mit dem übrigen Wasser die Zahnbürste. Trocknen Sie sich den Mund mit dem Handtuch ab.
5. Orden Sie nun die Utensilien für Ihr Kind genauso an wie vorher Ihre eigenen. Nun soll Ihr Kind versuchen, sich die Zähne zu putzen.

Wenn Ihr Kind wieder seine Zähne putzen muss, wiederholen Sie die Übung mit ihm am Waschbecken.

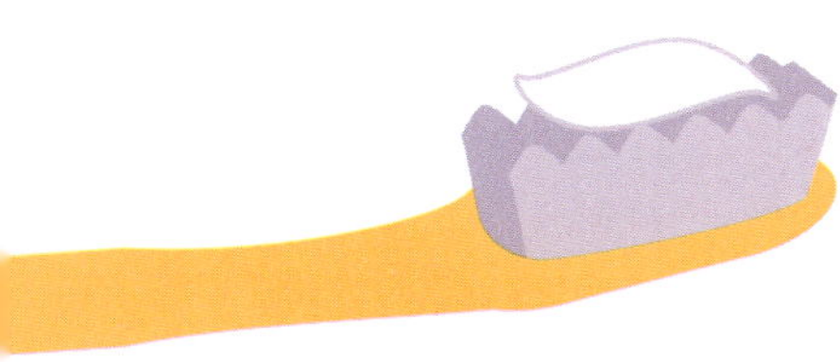

53

HAARE BÜRSTEN

Das Haarebürsten fasziniert sowohl Jungen als auch Mädchen. Manchmal sind Kinder ganz in diese Tätigkeit versunken – nicht aus Eitelkeit, sondern weil sie stolz sind, dass sie diese Fähigkeit beherrschen.

Das wird gebraucht

- **Kosmetikspiegel mit Ständer**
- **2 Haarbürsten (1 für Sie, 1 für Ihr Kind)**

Los geht's

1. Stellen Sie den Spiegel mittig auf den Tisch. Legen Sie Ihre Bürste vor den Spiegel und die Bürste Ihres Kindes außer Reichweite.
2. Bürsten Sie mit langsamen, sanften Bewegungen Ihre Haare und drehen Sie dabei den Kopf. Verwenden Sie den Spiegel und erklären Sie, was Sie tun.
3. Nun ist Ihr Kind dran: Stellen Sie den Spiegel so, dass es sich darin sieht, und geben Sie ihm seine Bürste.

Lust auf mehr?

Zeigen Sie Ihrem Kind an einer Puppe, wie man einen Pferdeschwanz macht und wie man langes Haar flechten kann.

54

EINE NAGELBÜRSTE BENUTZEN

Mit dieser Übung wird eine neue Bewegung trainiert. Kleinen Händen fällt es allerdings nicht leicht, dafür zu sorgen, dass beim Hin-und-her-Bürsten die Nägel in den Borsten bleiben. Ihr Kind lernt auf jeden Fall, auf seine Hände zu achten und wahrzunehmen, wie sich Schaum und Wasser anfühlen.

Das wird gebraucht

- **Nagelbürste für Kinder aus Naturborsten und Holz**
- **Krug mit warmem Wasser und Schüssel**
- **1 Stück Seife**
- **2 Handtücher**

Los geht's

1. Stellen Sie Krug und Schüssel am besten auf einen niedrigen Tisch und legen Sie Seife, Nagelbürste und Handtücher daneben.
2. Sagen Sie Ihrem Kind, dass es nun Hände und Nägel gründlich reinigen wird.
3. Lassen Sie Ihr Kind etwas Wasser in die Schüssel gießen. Es soll selbst entscheiden, welche Menge ausreicht.
4. Machen Sie ihm vor, wie man etwas Seife auf die Nagelbürste gibt, befeuchten Sie die Bürste und bürsten Sie Ihrem Kind damit in seitlichen Bewegungen über die Fingerspitzen.
5. Ermutigen Sie Ihr Kind, es selbst zu versuchen. Dabei soll es darauf achten, wie sich die Bürste an den Fingern anfühlt. Die Übung sollte ruhig und meditativ sein.
6. Nun waschen Sie beide sich die Seife ab, indem Sie die Hände im warmen Wasser reiben und sie gut abspülen.
7. Wenn die Seife abgewaschen ist, trocknen Sie beide sich mit ihren Handtüchern alle Finger und die Handflächen gründlich ab.

55

KLEIDUNG ZUSAMMENLEGEN

Bei dieser Übung werden anfangs nur Taschentücher gefaltet, später wird dann Kleidung zusammengelegt. Achten Sie darauf, dass die Kleidung, die Ihr Kind zusammenlegen soll, Nähte hat, an denen es sich orientieren kann, zum Beispiel T-Shirts oder Pullover. Erklären Sie bei dieser Gelegenheit, wieso man Kleidung zusammenlegt und wo man zusammengelegte Kleidung aufbewahrt. Als Orientierungshilfe können Sie Bilder von Kleidungsstücken an die einzelnen Schrankfächer kleben.

Das wird gebraucht

- **2 Stofftaschentücher, davon 1 altes**
- **Filzstift**
- **Lineal**
- **verschiedene Kleidungsstücke Ihres Kindes**
- **großer Korb**

Los geht's

1 Zeichnen Sie auf das alte Taschentuch mit dem Filzstift eine Längs- und eine Querlinie, legen Sie es mit der Kleidung und dem anderen Taschentuch in den Korb und bringen Sie diesen zum Tisch.

2 Breiten Sie das Taschentuch mit den Linien auf dem Tisch aus. Falten Sie es nun entlang der markierten Linien. Falten Sie es dann wieder auf und lassen Sie Ihr Kind falten.

3 Wiederholen Sie die Übung, diesmal jedoch mit dem Taschentuch ohne Hilfslinien.

4 Nun legen Sie Kleidung zusammen. Nehmen Sie ein Teil nach dem anderen und falten Sie es so, wie Sie möchten, aber immer gleich, damit Ihr Kind das nachmachen kann. Fangen Sie zum Beispiel immer mit dem gleichen Ärmel an, ob bei T-Shirts oder Pullovern. Lassen Sie nun Ihr Kind die Kleidung zusammenlegen.

Lust auf mehr?

Verstauen Sie die zusammengelegte Kleidung in die Schubladen und Schränke. Üben Sie das mit Ihrem Kind, wenn Sie die Wäsche machen.

56

BETTEN MACHEN

Für manche Kinder ist das Schlafengehen mit Ängsten verbunden. Wenn Ihr Kind für sein Bett selbst zuständig ist, kann das solchen Ängsten entgegenwirken. Darüber hinaus fördert das Bettenmachen die Hand-Auge-Koordination.

Das wird gebraucht

- **ungemachtes Bett**
- **Lieblingsplüschtier Ihres Kindes**

Es ist gar nicht so leicht, eine Bettdecke auszuschütteln. Schauen Sie erst nur zu, wie Ihr Kind das macht; eventuell müssen Sie es ihm später noch einmal erklären.

Los geht's

1. Bitten Sie Ihr Kind zum ungemachten Bett.
2. Sagen Sie ihm, dass sein Lieblingsplüschtier (nennen Sie den Namen) das ungemachte Bett nicht gemütlich findet und dass Ihr Kind deshalb das Bett machen soll, damit sich das Tier wohlfühlt.
3. Bitten Sie Ihr Kind, zunächst die Kissen und das Plüschtier auf den Boden zu legen.
4. Schütteln Sie die Bettdecke aus und streichen Sie sie glatt. Dann soll Ihr Kind das versuchen.
5. Schütteln Sie nun die Kissen auf. Auch das soll Ihr Kind nachmachen.
6. Lassen Sie Ihr Kind das Plüschtier aufs Bett setzen und sagen Sie, dass dieses nun zufrieden aussieht.

Lust auf mehr?

Wenn Ihr Kind das Bettenmachen beherrscht, kann es im nächsten Schritt beim Bettbeziehen helfen. Fangen Sie mit den Kissenbezügen an und helfen Sie ihm dann mit Laken und Bettdecke. Es kann auch Spaß machen, die gebrauchte Bettwäsche abzuziehen.

57

SOCKEN SORTIEREN

Legen Sie saubere Socken Ihrer Familie (zu Beginn nicht mehr als 4 Paar) in einen Korb. Nun soll Ihr Kind die Socken heraussuchen, die zusammenpassen, und sie paarweise übereinanderlegen. Wenn es alle Sockenpaare gefunden hat, zeigen Sie Ihrem Kind, wie man sie zusammenrollt und dann den Bund einer Socke umschlägt, sodass ein Sockenball entsteht.

Das wird gebraucht

- **4 oder mehr Paar Socken**
- **Korb, um die Socken vor und nach dem Spiel aufzubewahren**

Los geht's

1. Legen Sie zur Vorbereitung die einzelnen Socken in einen Korb.
2. Erklären Sie Ihrem Kind, dass man Socken zu Paaren zusammenlegt, damit man schnell 2 zusammengehörige findet.
3. Erläutern Sie die Übung in der Reihenfolge, in der Ihr Kind sie durchführen soll.
4. Legen Sie die Socken aus dem Korb der Reihe nach von links nach rechts auf den Boden oder auf den Tisch.
5. Ihr Kind soll auf Unterschiede zwischen den Socken achten, etwa Größe, Farbe oder Material.
6. Ordnen Sie die Socken zu Paaren, indem Sie die gleichen aufeinanderlegen.
7. Zum Schluss zeigen Sie Ihrem Kind, wie man die Socken von der Spitze aus ineinanderrollt, den Bund einer Socke umschlägt und so einen Sockenball bekommt. Nun ist Ihr Kind an der Reihe.

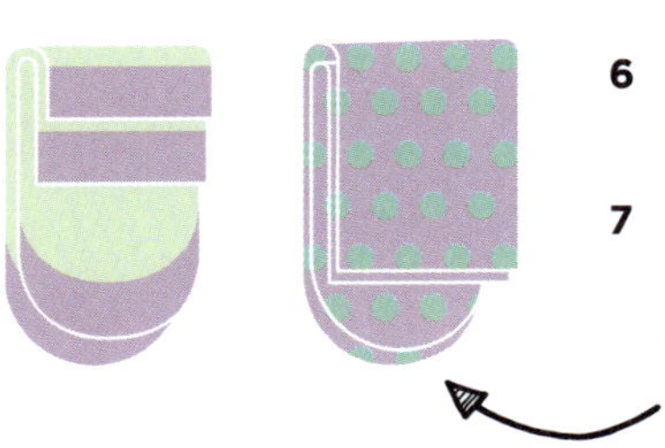

Gleichfarbige Socken können anhand von Größe, Material und Stil sortiert werden.

Lust auf mehr?

Sie können auch andere Dinge sortieren, von denen Sie mehrere Paare haben – Schuhe, Handschuhe oder sogar Ohrringe, wenn Ihr Kind alt genug ist.

58

JACKE ANZIEHEN

Mit dieser tollen Übung lernt Ihr Kind, sich schnell allein die Jacke anzuziehen. Es kann etwas dauern, bis es den genauen Bewegungsablauf erfasst hat, aber wenn es ihn beherrscht, wird ihm das Anziehen viel Freude machen.

Machen Sie jüngeren Kindern vor, wie Sie selbst eine Jacke anziehen. Manchmal ist es auch sinnvoll, die Bewegungen erst ohne Jacke einzuüben.

Los geht's

1 Legen Sie die Jacke Ihres Kindes mit der Innenseite nach oben auf den Boden.

2 Ihr Kind soll sich oberhalb der Jacke mit dem Gesicht zum oberen Ende der Jacke stellen.

3 Nun soll es sich hinsetzen und die Arme in die Ärmel der Jacke stecken.

4 Im Aufstehen soll es dann die Arme über den Kopf schwenken; wenn es die Arme wieder herunternimmt, hat es die Jacke an.

Lust auf mehr?

Üben Sie mit einem Lieblingspulli, die Ärmel auf rechts umzudrehen. Gehen Sie dann zu ganzen Kleidungsstücken über.

59

HEMD ZUKNÖPFEN

Diese komplexe Tätigkeit wird hier in einfache Schritte heruntergebrochen, damit Ihr Kind jeden Schritt richtig versteht. Beim Knöpfen fällt es Kindern meist besonders schwer, darauf zu achten, dass die unteren Enden des Kleidungsstücks parallel liegen und sie keine Knopflöcher überspringen. Deshalb liegt das Hemd bei dieser Übung auf dem Tisch und wird von unten nach oben zugeknöpft. So lernt Ihr Kind, mit dem untersten Knopf im untersten Knopfloch anzufangen, wenn es sich ein Hemd am Körper zuknöpft.

Das wird gebraucht

- **Hemd (oder Strickjacke) mit großen Knöpfen**

Los geht's

1 Legen Sie das Hemd so auf den Tisch, dass Ihr Kind es gut sehen kann.

2 Knöpfen Sie das Hemd einmal auf und wieder zu, sodass Ihr Kind sieht, wie das geht.

3 Zeigen Sie es noch einmal langsam: Fangen Sie unten an und führen Sie den untersten Knopf langsam durch das erste Loch.

4 Öffnen Sie dabei das Knopfloch möglichst weit, sodass Ihr Kind sieht, dass es offen sein muss, damit der Knopf hindurchpasst.

5 Knöpfen Sie die restlichen Knöpfe langsam zu und wenn Sie beim obersten Knopf sind, wieder der Reihe nach auf. Nun ist Ihr Kind dran.

Anfangs könnten Sie mit Ihrer Erwachsenenkleidung – Hemd, Strickjacke oder Jacke – üben, weil sie größere Knöpfe hat, und erst dann zu Kinderkleidung übergehen.

Das Hemd sollte nicht neu oder frisch gewaschen sein.

Lust auf mehr?

Üben Sie mit anderer Kleidung, später auch mit kleineren Knöpfen. Öffnen und schließen Sie jedes Kleidungsstück und fangen Sie immer unten an.

Üben Sie mit der gleichen Methode mit Druckknöpfen und anderen Verschlüssen. Machen Sie alle Bewegungen deutlich vor.

Prüfen Sie, ob Ihr Kind allein Handschuhe oder Fäustlinge und andere Kleidungsstücke anziehen kann.

60

REISSVERSCHLÜSSE ÖFFNEN UND SCHLIESSEN

Reißverschlüsse sind für Kinder spannend, aber sehr knifflig. Oft brauchen sie dabei Hilfe. Mit dieser Übung lernt Ihr Kind, Reißverschlüsse zu öffnen und zu schließen – für beides sind jeweils andere Fertigkeiten erforderlich.

Das wird gebraucht

- **Kleidungsstück mit einfachem Reißverschluss oder Reißverschlussrahmen zum Üben**

Los geht's

1. Zeigen Sie Ihrem Kind den geschlossenen Reißverschluss. Fassen Sie den Schiebergriff mit rechtem Daumen und Zeigefinger, sodass der Daumen unten liegt.
2. Drücken Sie das Material oberhalb der Reißverschlusszähne mit linkem Daumen und Zeigefinger zusammen.
3. Ziehen Sie den Reißverschluss mit der rechten Hand langsam nach unten auf, bis zu sehen ist, wie das Steckteil im Kastenteil steckt. Ziehen Sie das Steckteil nach oben, sodass sich der Reißverschluss ganz öffnet.
4. Zum Schließen nehmen Sie den Schiebergriff zwischen Daumen und Zeigefinger der rechten Hand. Machen Sie deutlich, dass der Griff nach unten zeigen sollte.
5. Legen Sie den rechten Zeigefinger oben und den rechten Daumen unten auf das Kastenteil und drücken Sie die Finger zusammen.
6. Fassen Sie das Steckteil mit Daumen und Zeigefinger der linken Hand und schieben Sie es langsam in das Kastenteil, sodass es ganz darin steckt.
7. Nehmen Sie den Schiebergriff zwischen rechten Daumen und Zeigefinger, straffen Sie den Stoff mit der linken Hand und ziehen Sie den Schieber bis ganz nach oben.

61

LINKE UND RECHTE SCHUHE UNTERSCHEIDEN

Dass wir zwischen links und rechts unterscheiden, hängt mit der Vorstellung zusammen, dass unser Körper entlang einer Mittellinie in eine linke und eine rechte Körperhälfte unterteilt ist. Zu lernen, den linken vom rechten Schuh zu unterscheiden, wird dieses Bewusstsein bei Ihrem Kind fördern. Mit dieser Übung lernt Ihr Kind, welcher Schuh an welchen Fuß gehört, sodass es sich künftig leichter allein anziehen kann.

Das wird gebraucht

- **1 Paar Schuhe Ihres Kindes**
- **Marker oder zerschnittener Aufkleber mit Bildmotiv**
- **Tablett**

Los geht's

1 Stellen Sie die Schuhe auf einem Tablett so auf den Tisch, dass die Schuhspitzen von Ihnen wegzeigen.

2 Wenn Ihr Kind seinen Namen lesen kann, schreiben Sie eine Hälfte der Buchstaben seines Namens auf den einen Schuh, die andere auf den zweiten.

3 Wenn es das noch nicht kann, malen Sie auf die Innenseiten des Schuhs jeweils die Hälfte eines Smileys.

4 Zeigen Sie Ihrem Kind die Schuhinnenseite und erklären Sie, dass der Smiley Ihr Kind anlächeln muss, wenn es die Schuhe angezogen hat.

5 Stellen Sie die Schuhe willkürlich auf den Boden, sodass Ihr Kind herausfinden muss, welcher Schuh an welchen Fuß gehört.

Sie können Sticker kaufen oder selbst gestalten – diese müssen jedoch immer bündig mit den Innenkanten des Schuhs abschließen.

Lust auf mehr?

Mit diesem schlauen Trick lernt Ihr Kind, wo links und wo rechts ist: Legen Sie die Finger seiner linken Hand so, dass Daumen und Zeigefinger im rechten Winkel ausgestreckt sind und ein »L« ergeben. Erklären Sie, dass »L« für links steht und dass es prüfen kann, welche Hand das »L« bildet, wenn es sich nicht sicher ist.

62

SCHUHE ANZIEHEN

Wenn sich Ihr Kind mit dem Schuheanziehen schwertut, erklären Sie den Ablauf, ohne dass es die Schuhe trägt. Wenn Ihr Kind das beherrscht, stellen Sie ihm die Schuhe so hin, dass die Fersen in seine Richtung zeigen, damit es das Anziehen üben kann.

Lust auf mehr?

Lassen Sie Ihr Kind mit angezogenen Schuhen üben!

Schnürsenkel zu binden, ist für jüngere Kinder meist sehr schwierig. Starten Sie mit Klett- und ähnlichen Verschlüssen, um das Selbstvertrauen Ihres Kindes zu fördern; wenn Ihr Kind damit zurechtkommt, können Sie mit Schnürsenkeln üben.

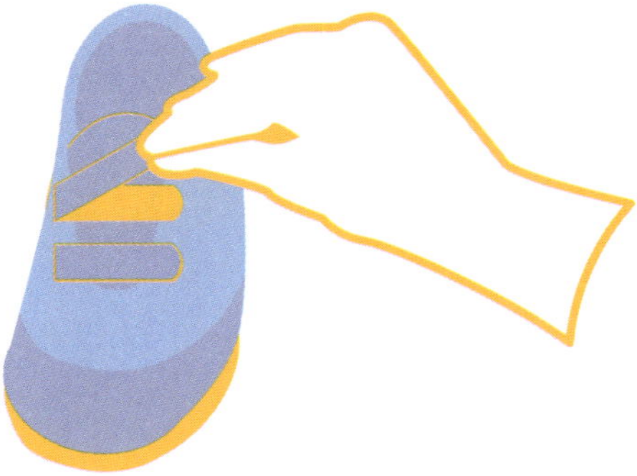

Klettverschlussschuhe

1 Lassen Sie Ihr Kind die Schuhe mit den Spitzen zu Ihnen hinstellen.

2 Heben Sie am rechten Schuh die Riemen hoch und führen Sie sie dann so langsam wieder nach unten, dass Ihr Kind sehen kann, dass die Riemen aufeinanderliegen müssen, wenn sie festkletten sollen. Stellen Sie den rechten Schuh zurück und wiederholen Sie den Vorgang mit dem linken Schuh.

3 Nun ist Ihr Kind an der Reihe.

Schnallenschuhe

1 Bitten Sie Ihr Kind, die Schuhe so auf eine Matte auf den Tisch zu stellen, dass die Spitzen zu Ihnen zeigen. Führen Sie am rechten Schuh den Riemen durch die Schnalle nach oben.

2 Ziehen Sie den Riemen zurück, sodass die Löcher zu sehen sind. Drücken Sie den Dorn in das Loch und schließen Sie die Schnalle.

3 Drehen Sie den linken Schuh nun mit der Ferse zu sich und wiederholen Sie den Ablauf. Lösen Sie dann beide Schnallen, nun ist Ihr Kind an der Reihe.

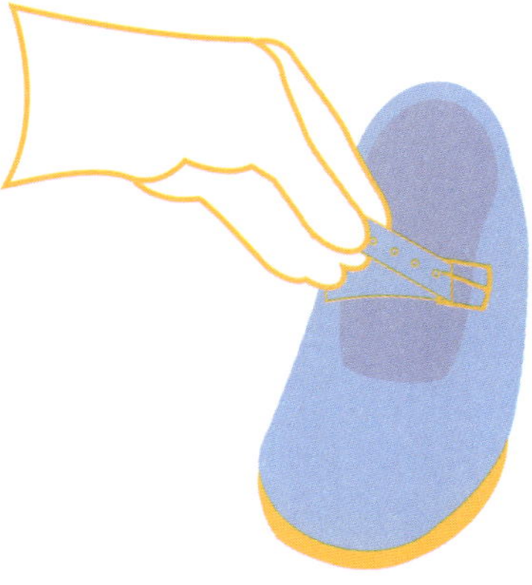

63

SCHNÜRSCHUHE BINDEN

Schnürschuhe sind für jüngere Kinder oft eine große Herausforderung. Wenn Ihr Kind Schuhe mit anderen Verschlüssen sicher anziehen und linke und rechte Schuhe unterscheiden kann, können Sie ihm beibringen, wie man Schürsenkel bindet.

Los geht's

1 Ihr Kind stellt die Schuhe so auf eine Matte auf den Tisch, dass die Spitzen zu Ihnen zeigen. Legen Sie am rechten Schuh die Schnürsenkel erst an die Seiten, dann über Kreuz.

2 Führen Sie den rechten Senkel mit der rechten Hand von unten durch die Mitte und ziehen Sie beide Enden zum Knoten zusammen.

3 Fahren Sie mit Daumen und Mittelfinger der rechten Hand den rechten Schnürsenkel entlang bis zur Mitte. Fassen Sie die Mitte mit Daumen und Zeigefinger, formen Sie daraus ein Hasenohr und halten Sie den rechten Schnürsenkel unten am Knoten mit Daumen und Zeigefinger fest.

4 Führen Sie mit der linken Hand den linken Schnürsenkel über den Daumen um das Hasenohr herum, stülpen Sie ihn mit dem Zeigefinger durch das Loch beim Daumen und ziehen Sie ihn durch die Schlaufe zu einer Schleife zusammen.

5 Wiederholen Sie das mit dem anderen Schuh und lösen Sie dann beide Schleifen. Nun ist Ihr Kind an der Reihe.

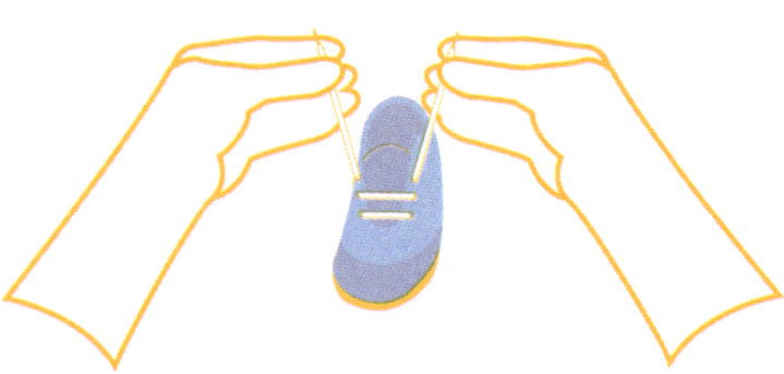

64

SCHUHE POLIEREN

Diese Tätigkeit ist bei allen Kindern beliebt — die Kinder meiner Klasse haben mir oft angeboten, mir die Schuhe zu polieren. Vor lauter Begeisterung polierten sie dann sogar die Sohlen, sodass das Laufen gefährlich wurde! Schuheputzen fördert und entwickelt auch die Feinmotorik. Aber Achtung: Schuhcreme darf nur unter Aufsicht benutzt werden, denn beim Verschlucken der Creme drohen akute Magenprobleme.

Das wird gebraucht

- **Dose mit farbloser Schuhcreme**
- **kleiner Behälter, in den ein wenig Schuhcreme passt**
- **Messer**
- **Plastikmatte, z. B. abwaschbares Platzset**
- **Kinderschuh aus Leder**
- **kleine Schuhbürste**
- **kleines Tuch**
- **Tablett**

Los geht's

1. Geben Sie mit dem Messer eine kleine Menge Schuhcreme in den Behälter, ehe Ihr Kind an den Tisch kommt (damit nicht zu viel Creme verwendet wird). Legen Sie die Matte auf das Tablett und stellen Sie dann die Schuhe, den Cremebehälter, Bürste und Tuch dazu. Bitten Sie Ihr Kind zu sich.
2. Geben Sie etwas Schuhcreme auf das Tuch und verteilen Sie diese gleichmäßig auf einem der Schuhe.

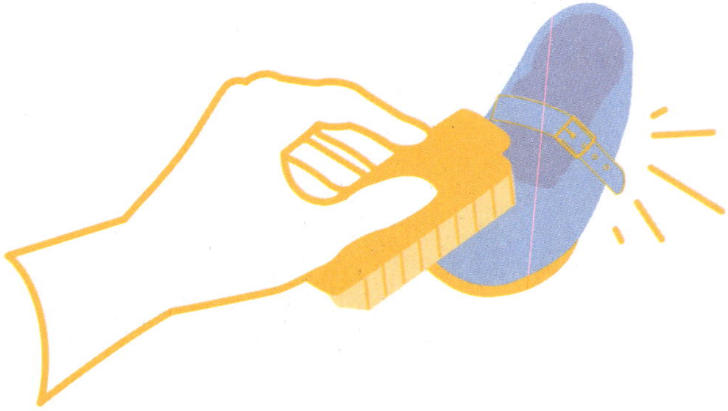

3 Nehmen Sie nun die Bürste und polieren Sie den Schuh, indem Sie die Bürste hin und her bewegen. Dann ist Ihr Kind dran.

4 Anschließend könnten Sie Ihr Kind fragen, warum wir Schuhe putzen müssen und warum man Schuhe auf einer Matte abstellt. Wenn es sich nicht sicher ist, helfen Sie ihm auf die Sprünge, indem Sie auf die Schuhsohlen zeigen.

Lust auf mehr?

Polieren Sie auf ähnliche Weise Holzgegenstände mit Möbelpolitur.

Zeigen Sie Ihrem Kind, wie man einen kleinen Holztisch poliert.

65

GIESSEN LERNEN

Überlegen Sie einmal, wie oft am Tag Sie etwas gießen. Erwachsenen fällt diese einfache Bewegung leicht, doch Kinder brauchen zum Gießen ungeheuer viel Konzentration und Hand-Auge-Koordination. Ihr Kind kann diese Fertigkeit gut einüben, indem es versucht, Bohnen aus einem großen Plastikkrug in einen anderen zu »gießen«. Wenn es das sicher beherrscht, kann es trainieren, auch andere Dinge zu »gießen«.

Das wird gebraucht

- **2 Plastikkrüge**
- **Trockenbohnen oder -linsen**
- **Tablett**

Los geht's

1. Stellen Sie die Krüge mit den Tüllen zueinander und den Griffen nach außen auf das Tablett. Füllen Sie den rechten Krug zu einem Drittel mit Bohnen.
2. Nehmen Sie mit der rechten Hand den rechten Krug und stützen Sie ihn wie abgebildet mit der linken Hand ab.
3. Gießen Sie die Bohnen in den linken Krug. Nun tauschen Sie die Krüge und lassen Ihr Kind gießen.

Lust auf mehr?

Verwenden Sie statt Bohnen feineres Material wie Reis oder Zucker.

Verwenden Sie Wasser, das Sie mit etwas Lebensmittelfarbe eingefärbt haben (dann brauchen Sie zusätzlich ein Tuch, um Spritzer wegzuwischen).

Gießen Sie nicht von Krug zu Krug, sondern von einem Krug in einen Becher.

Kaufen Sie Spielzeuggeschirr, das Sie mit Bohnen, Linsen und dergleichen füllen.

Lassen Sie Ihr Kind für eine Mahlzeit Wasser aus einem halb vollen Krug in Gläser gießen. Das ist eine echte Herausforderung!

66

UMFÜLLEN LERNEN

Tätigkeiten wie Löffeln oder Gießen, bei denen Dinge umgefüllt werden, fördern die Koordination der Muskeln, die man braucht, um zu essen, sich selbst oder anderen den Teller zu füllen oder zu kochen. Zudem wird die Muskulatur auf komplexere Aufgaben wie Schreiben vorbereitet. Wie bei den Gießübungen wird hier zu Beginn mit gröberen Materialien und später mit feineren geübt.

Das wird gebraucht

- **2 kleine, flache Schalen (etwa so groß wie ein Cupcake)**
- **Teelöffel**
- **kleines Tablett**
- **so viel Reis, wie in eine halbe Schale passt**

Los geht's

1. Stellen Sie beide Schalen auf das Tablett und legen Sie den Löffel dazu. Füllen Sie die linke Schale mit Reis.
2. Befördern Sie den Reis mit dem Löffel von der linken in die rechte Schale, bis die linke leer ist.
3. Tauschen Sie dann die Schalen, sodass die mit dem Reis wieder links steht, und legen Sie den Löffel nach rechts. Nun ist Ihr Kind an der Reihe.

Arbeiten Sie immer von links nach rechts. Das bereitet Ihr Kind auf das Lesen vor.

Wenn Sie sehr sorgfältig vorgehen, wird Ihr Kind das auch tun.

Wenn Ihr Kind linkshändig ist, führen Sie den Löffel mit der linken Hand.

Lust auf mehr?

Stellen Sie 2 leere Schalen auf beide Seiten der Reisschale. Zeigen Sie Ihrem Kind, wie es Reis in beide Schalen befördert.

Verwenden Sie statt Reis feineres Material wie Zucker oder Mehl.

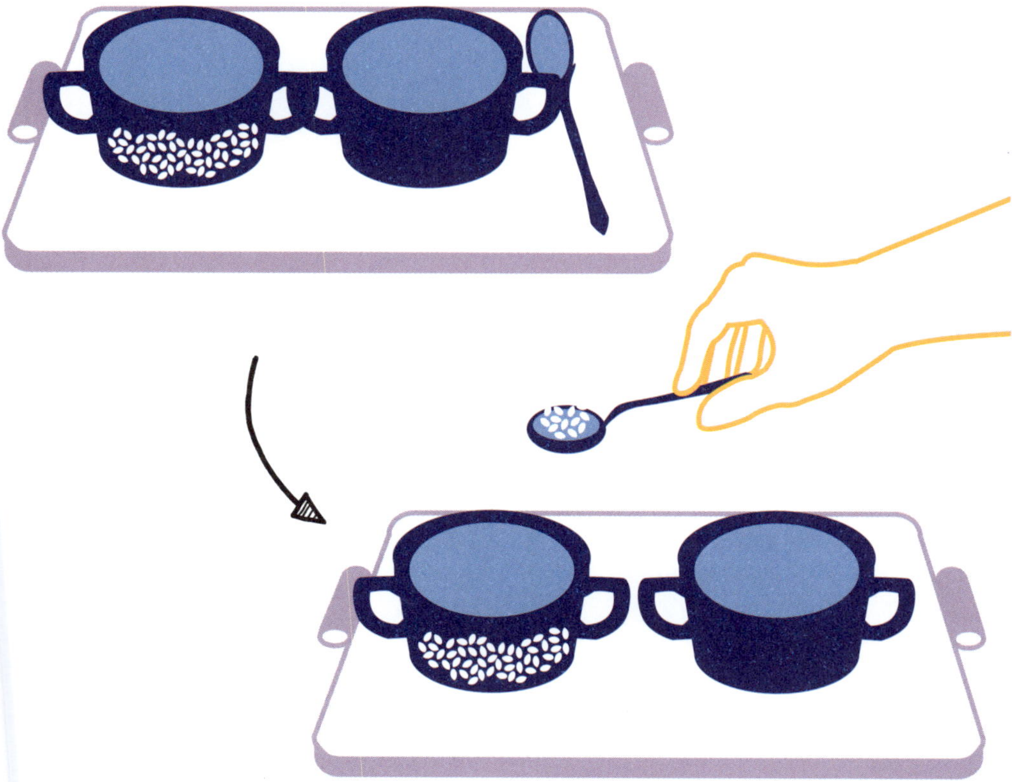

67

EIN EIGENES PLATZ-DECKCHEN GESTALTEN

Dieses wunderbare Bastelprojekt kann Ihr Kind durchführen, ehe es lernt, den Tisch zu decken. Ich empfehle ein Obstmotiv, da die meisten Kinder Obstformen gut malen können; wenn Ihr Kind aber ein besonderes Lieblingsmotiv hat, dann wählen Sie dieses Motiv. Das Projekt soll dazu beitragen, dass Ihr Kind sich auf die nächste Mahlzeit freut.

Das wird gebraucht

- **Bleistift**
- **weißer Karton in DIN-A4**
- **Obstmotive (oder andere Bilder)**
- **Schürze**
- **verschiedenfarbige Plakat- oder Acrylfarbe**
- **Maltablett oder Pappteller**
- **Schere**
- **kleines Stück Küchenschwamm**
- **Laminiergerät oder selbstklebende Plastikfolie**

Los geht's

1. Zeigen Sie Ihrem Kind die Obstbilder, sprechen Sie über deren Formen und lassen Sie es die Umrisse mit dem Finger nachfahren. Sagen Sie, dass Sie nun ein Platzdeckchen gestalten. Zeigen Sie ihm, wie man die Schürze anlegt.
2. Fragen Sie, mit welchem Obst es anfangen möchte, und platzieren Sie geeignete Farben auf dem Tablett oder Teller.
3. Erklären Sie, dass es die Finger in die Farbe tauchen und damit malen wird.
4. Lassen Sie Ihr Kind zunächst den Umriss auf Papier malen und diesen dann ausfüllen.
5. Schneiden Sie aus dem Schwamm einen blattförmigen Stempel. Stempeln Sie mit grüner Farbe Blätter an das Obst.
6. Wenn das Bild fertig und getrocknet ist, laminieren Sie es oder bekleben es mit der Folie.

Bieten Sie verschiedene Schattierungen sowie weiße Farbe an. Ihr Kind darf die Finger in alle Nuancen tauchen, sollte die Farben aber nicht vermischen.

Lust auf mehr?

Ältere Kinder könnten eine Obstschale malen.

Statt mit Farbe könnten Sie das Platzdeckchen mit einer Collage aus Obstbildern gestalten.

68

TISCH DECKEN

Mit dieser Übung lernt Ihr Kind schnell und mühelos, wie man einen Tisch deckt. Zeichnen Sie auf Papier, wo Besteck und Teller hingehören, damit Ihr Kind sich daran orientieren kann. Wenn Ihr Kind diese Tätigkeit beherrscht, kann es künftig den Tisch für die ganze Familie decken. Viele Kinder haben auch Spaß daran, wenn man ihnen zeigt, wie eine Serviette kunstvoll gefaltet wird. Abgesehen vom praktischen Nutzen übt Ihr Kind nicht nur das Falten, sondern auch, wo links und rechts ist.

Das wird gebraucht

- **kleiner Teller, der auf ein Blatt Papier passt**
- **Blatt dickes DIN-A4-Papier**
- **Bleistift**
- **schwarzer Filzstift**
- **Tafelmesser**
- **Gabel**
- **Teelöffel**
- **Tablett**

Ehe Ihr Kind Platz nimmt, stellen Sie den Teller mittig auf das Papier und zeichnen Sie seinen Umriss mit einem Bleistift nach. Genauso machen Sie es mit dem Besteck, sodass auf dem Papier ein komplettes Gedeck zu sehen ist. Malen Sie die Bleistiftspuren mit einem Filzstift nach.

Los geht's

1 Legen Sie das Papier sowie Teller und Besteck auf das Tablett. Bitten Sie Ihr Kind, das Tablett zum Tisch zu tragen und vor sich hinzustellen. Legen Sie das Blatt Papier vor das Tablett.

2 Sagen Sie zu Ihrem Kind: »Ich stelle den Teller auf den aufgemalten Teller.« Fahren Sie mit dem Finger außen am Teller entlang und wiederholen Sie das mit dem Umriss auf dem Papier, sodass Ihr Kind erkennt, dass die Form gleich ist.

3 Fragen Sie Ihr Kind: »Kannst du das Besteck in den richtigen Umriss legen?« Verteilen Sie das Besteck so auf dem Tablett, dass alle Teile deutlich zu sehen sind. Lassen Sie Ihr Kind das Besteck zuordnen.

4 Wenn Ihr Kind das Gedeck souverän hinlegen kann, soll es das ohne Papiervorlage versuchen. Legen Sie das Blatt umgedreht außer Reichweite. Wenn das Kind mit dem Decken fertig ist, kann es überprüfen, ob es alles richtig gemacht hat.

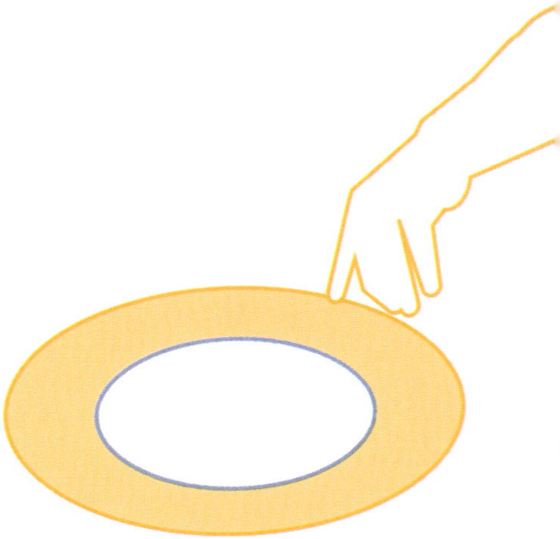

Lust auf mehr?

Malen Sie weitere Dinge wie ein Glas oder einen Esslöffel auf. Sie können auch eine Serviette miteinbeziehen. Malen Sie diese jedoch nicht, sondern zeigen Sie nur, wie sie unter die Gabel geschoben wird.

69

WÄSCHEKLAMMERN BENUTZEN

Mit dieser einfachen Übung trainiert Ihr Kind die Muskelkoordination. Das können schon die Allerkleinsten. Wenn Ihr Kind mit normalen Wäscheklammern zurechtkommt, kann es Mini- oder Spielzeugklammern ausprobieren. Erklären Sie Ihrem Kind, dass Wäscheklammern kein Spielzeug sind und dass es wehtut, wenn man sie an einen Finger klemmt.

Das wird gebraucht

- **Körbchen mit Wäscheklammern**

Los geht's

1. Stellen Sie den Korb vor sich und klemmen Sie die Klammern der Reihe nach an den Rand des Korbs.
2. Zeigen Sie, wie sich eine Klammer öffnet und schließt, damit Ihr Kind versteht, dass sie ganz geöffnet sein muss, damit man sie am Korb befestigen und wieder abnehmen kann.
3. Nach etwa 5 Klammern bekommt Ihr Kind den Korb und darf die restlichen Klammern festklammern.
4. Wenn es fertig ist, zeigen Sie ihm, wie man die Klammern abnimmt und wieder in den Korb legt.

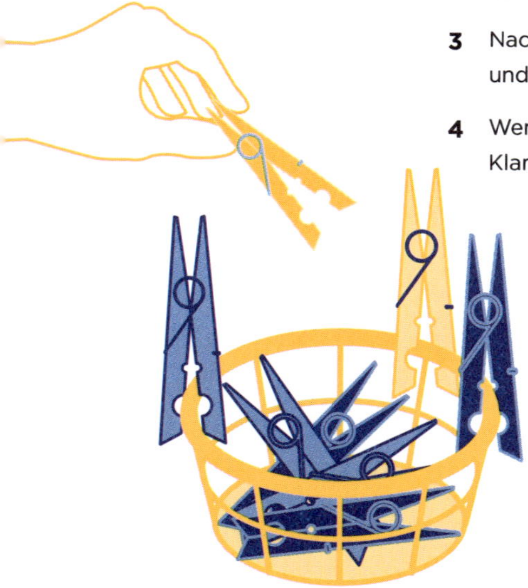

Lust auf mehr?

Lassen Sie Ihr Kind ein paar kleine Wäschestücke festklammern, wenn Sie Wäsche aufhängen.

70

EINE ZANGE BENUTZEN

Kinder lieben es, Dinge zu sortieren und zu ordnen, und haben deshalb viel Freude an dieser Übung. Hier geht es vor allem um die Bewegung beim Öffnen und Schließen, die erst mit einer großen Zange und dann mit einer Pinzette ausgeführt wird. Wenn Ihr Kind diese Bewegung beherrscht, kann es damit Gegenstände nach Farbe oder Form ordnen. Dabei müssen Sie Ihr Kind stets beaufsichtigen, da es an kleinen Perlen ersticken oder sie in Nase oder Ohren stecken könnte.

Das wird gebraucht

- **2 flache Schälchen**
- **kleine Zange für Perlen**
- **kleines Tablett**
- **genug Holzperlen, um ein Schälchen zur Hälfte zu füllen**

Machen Sie ganz deutlich, wie sich die Zange beim Öffnen und Schließen bewegt, damit Ihr Kind versteht, was es tun muss, um die Perlen anzuheben und zu transportieren.

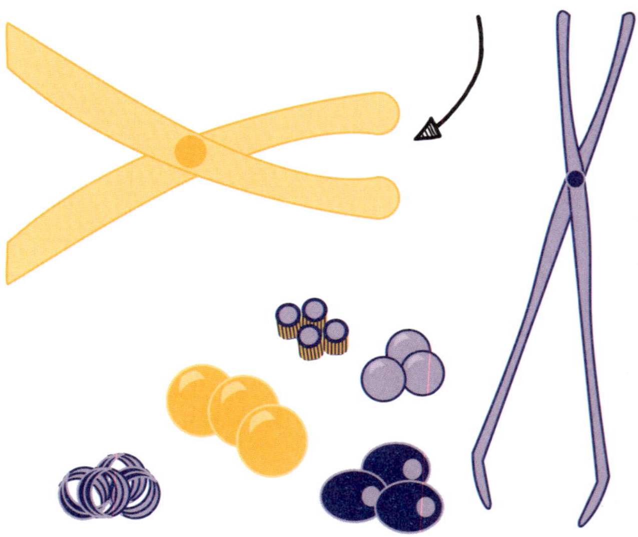

Los geht's

1 Stellen Sie die Schalen nebeneinander links von der Zange auf das Tablett. Füllen Sie die linke Schale zur Hälfte mit Perlen.

2 Befördern Sie die Perlen mit der Zange (die Sie von oben oder unten fassen) von der linken in die rechte Schale, bis die linke Schale leer ist.

3 Tauschen Sie die Schalen, sodass die Perlen wieder links stehen. Nun ist Ihr Kind an der Reihe.

Lust auf mehr?

Benutzen Sie 2 oder mehr leere Schalen. Zeigen Sie Ihrem Kind, wie es in mehrere Schälchen sortiert.

Lassen Sie Ihr Kind die Perlen nach Form, Farbe oder beidem sortieren.

Befördern Sie Trockenerbsen mit einer Pinzette von einem Eierbecher in einen anderen. Die Bewegung bleibt gleich, ist aber schwieriger, weil die Teile kleiner sind.

71

BEHÄLTER ÖFFNEN UND SCHLIESSEN

Als Kind hatte ich einen kleinen Safe mit Zahlenschloss, den ich sehr liebte und dessen Kombination nur ich kannte. Die Kinder, die ich heute unterrichte, finden es ebenfalls toll, wenn sie etwas öffnen oder schließen dürfen, ob Marmeladengläser oder Schlösser mit Schlüssel. Dieses Bedürfnis wird mit dieser Übung gestillt. Sie ähnelt der Übung »Schrauben und Muttern zuordnen« auf Seite 112, doch diesmal wird Ihr Kind Behälter wie Flaschen und Gläser öffnen. Machen Sie ihm deutlich, dass es mit den Gläsern und Flaschen im Korb spielen darf, bei allen anderen Flaschen jedoch immer erst fragen muss.

Das wird gebraucht

- **6 oder mehr kleine Flaschen und Gläser mit Deckelverschluss (z. B. Fläschchen mit Lebensmittelfarbe und Marmeladengläser)**
- **Korb**

Wählen Sie eine breite Palette an Flaschen und Gläsern, damit Ihr Kind verschieden große Öffnungen und Deckel kennenlernt.

Los geht's

1 Nehmen Sie die Flaschen und Gläser aus dem Korb. Drehen Sie alle Deckel ab und legen Sie diese willkürlich in einer Reihe vor die Flaschen und Gläser.

2 Probieren Sie mit einem Deckel der Reihe nach von links nach rechts, auf welchen Behälter er passt. Führen Sie die Drehbewegung überdeutlich aus, während Sie suchen.

3 Wiederholen Sie diesen Ablauf, bis Sie die richtigen Deckel für die Hälfte der Flaschen oder Gläser gefunden haben, und lassen Sie Ihr Kind den Rest übernehmen.

4 Wenn es fertig ist, zeigen Sie ihm, wie man die Deckel wieder abdreht. Machen Sie die unterschiedlichen Drehbewegungen beim Öffnen und Schließen sehr deutlich. Anschließend räumen Sie alles wieder in den Korb.

Lust auf mehr?

Zeigen Sie mit verschiedenen Kartons, wie man einen Deckel hebt und schließt.

Üben Sie mit großen, losen Schrauben und Muttern eine feinere Drehbewegung. Dabei müssen Sie Ihr Kind gut beaufsichtigen, da es an Muttern ersticken könnte.

72

SCHLÜSSEL BENUTZEN

Für diese Übung brauchen Kinder ungeteilte Konzentration und Ruhe, hier wird ihre Feinmotorik auf die Probe gestellt. Sie trainieren zudem Koordination, Kraft sowie die Fähigkeiten, nach Größe zu unterscheiden und sich zu erinnern, welcher Schlüssel in welches Loch passt.

Das wird gebraucht

- **Fahrradschlösser, Vorhängeschlösser oder abschließbare Kästen sowie die passenden Schlüssel**
- **Tablett**
- **Schälchen für die Schlüssel**

Los geht's

1. Legen Sie alle Schlösser zusammen auf das Tablett.
2. Ziehen Sie die Schlüssel ab und legen Sie diese in das Schälchen.
3. Nehmen Sie das erste Schloss in die linke Hand. Mit der rechten nehmen Sie 1 Schlüssel und probieren, ob er passt. Wählen Sie für den ersten Versuch 1 Schlüssel, der nicht ins Schloss passt, und zeigen Sie, wie Sie im Ausschlussverfahren den richtigen Schlüssel finden.
4. Wenn Sie den richtigen Schlüssel für das Schloss gefunden haben, zeigen Sie Ihrem Kind, wie man ihn im Schloss dreht, damit es sich öffnet.
5. Ermutigen Sie Ihr Kind, das selbst zu versuchen.
6. Wenn Sie alle Schlüssel zugeordnet und die Schlösser geöffnet haben, zeigen Sie Ihrem Kind, wie man sie wieder zuschließt.
7. Lassen Sie Ihr Kind zuschließen, bis alle Schlüssel wieder frei sind.

Lust auf mehr?

Wenn Sie keine Vorhängeschlösser haben, können Sie auch Ihren Haustürschlüssel verwenden. Setzen Sie sich innen vor die Haustür, damit Sie sich nicht aussperren!

73

KNÖPFE AUFFÄDELN

Alle Kinder fädeln gerne, und diese Übung ist ideal für die Muskelentwicklung und die Hand-Auge-Koordination. Hier werden zunächst große Knöpfe mit großen Löchern aufgefädelt, später dann kleinere oder Perlen. Wenn Ihr Kind diese Fähigkeit beherrscht, kann es Schmuck oder andere Basteleien herstellen. Bitte beaufsichtigen Sie Ihr Kind bei dieser Tätigkeit, damit es Perlen nicht verschluckt oder in Nase oder Ohren steckt.

Das wird gebraucht

- **verschieden große Knöpfe mit großen Löchern**
- **Schnürsenkel oder Schnur**
- **kleiner Behälter für Knöpfe**

Los geht's

1. Legen Sie die Knöpfe und Schnürsenkel in den Behälter.
2. Nehmen Sie den Schnürsenkel heraus. Zeigen Sie Ihrem Kind, dass Sie das Ende verknoten, damit der erste Knopf nicht herunterrutscht.
3. Fädeln Sie die Knöpfe langsam der Reihe nach auf den Schnürsenkel. Zeigen Sie deutlich, wie das Schnürsenkelende durch das Loch gesteckt wird, damit Ihr

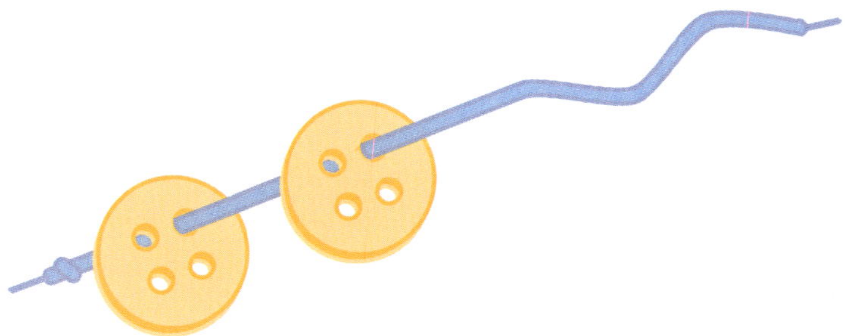

Kind versteht, dass der Knopf nur dann auf dem Faden landet.

4 Fädeln Sie etwa 6 Knöpfe auf, schieben Sie diese dann wieder vom Schnürsenkel und legen Sie alles zurück in den Behälter.

5 Geben Sie Ihrem Kind den Behälter, damit es die Übung ausprobieren kann. Wenn es fertig ist, möchte es den aufgefädelten Senkel vielleicht als Kette um den Hals tragen.

Lust auf mehr?

Verwenden Sie anstelle der Knöpfe Perlen, erst größere, dann kleinere Exemplare.

Verwenden Sie Penne-Nudeln. Diese können Sie anschließend färben, indem Sie die Kette in aufgelöste Lebensmittelfarbe tauchen (siehe Seite 105).

74

KARTEN BESTICKEN

Bei dieser Übung lernt Ihr Kind die Stick- und Nähbewegung, indem es einen Schnürsenkel durch vorbereitete Löcher auf bemalten Kartenmotiven führt. Wenn es diese Fähigkeit beherrscht, kann es versuchen, mit einer Nadel auf Aida-Stoff zu sticken, der große, vorgestanzte Nählöcher hat. Sticken eignet sich ideal, um die Hand-Auge-Koordination zu fördern. Eine Sticknadel sollte Ihr Kind frühestens mit 5 Jahren ausprobieren. Beaufsichtigen Sie es dabei immer gut.

Das wird gebraucht

- **Pappquadrat, 20 × 20 cm**
- **Lochzange**
- **Schere**
- **Bleistift**
- **Schnürsenkel oder Schnur**
- **Filzstifte**
- **kleines Tablett**

Los geht's

1 Zeichnen Sie zur Vorbereitung eine Tierform auf den Karton (so groß wie möglich).

2 Schneiden Sie die Form aus, markieren Sie mit dem Bleistift in 2 cm Abstand die Stellen für die Löcher und stanzen Sie diese mit der Lochzange aus. Machen Sie sie so groß, dass der Schnürsenkel leicht hindurchpasst.

3 Bitten Sie Ihr Kind, das Tier auszumalen und ein Gesicht oder andere Merkmale hinzuzufügen. Legen Sie die Karte mit dem Schnürsenkel auf das Tablett.

4 Führen Sie Ihrem Kind vor, wie der Schnürsenkel durch ein Loch gezogen werden kann. Machen Sie dann einen Knoten an einem Ende des Schnürsenkels.

5 Nehmen Sie den Schnürsenkel und fangen Sie an zu sticken, indem Sie ihn von unten durch das Loch in der Karte nach oben und durch das nächste Loch von oben wieder nach unten führen.

6 Sticken Sie etwa die Hälfte des Umrisses und übergeben Sie dann die Stickerei Ihrem Kind. Wenn Ihr Kind die Übung wiederholen möchte, ziehen Sie den Senkel vorsichtig heraus.

Lust auf mehr?

Gestalten Sie mit Ihrem Kind eine ganze Reihe von Tierstickkarten.

Verwenden Sie Aida-Stoff, den es in Handarbeitsgeschäften gibt. Er hat große Sticklöcher, mit denen sich das Sticken mit einer Nadel sehr gut üben lässt. Geben Sie Ihrem Kind eine Stopfnadel, da sie stumpf ist und ein großes Öhr hat.

Zeigen Sie Ihrem Kind bunte Fäden und Stiche wie Heftstich oder Kreuzstich.

75

MIT DER SCHERE SCHNEIDEN

Papierstreifen können die meisten Kinder leicht abschneiden, doch sorgfältiges, kontrolliertes Ausschneiden ist für sie schon schwieriger. Bei dieser Übung lernt Ihr Kind, eine gerade Linie entlangzuschneiden, die Schere vorsichtig zu verwenden und das Papier beim Schneiden zu bewegen. Später werden schwierigere Linien ausgeschnitten, und zum Schluss müssen Papier und Schere in unterschiedliche Richtungen bewegt werden. Sie müssen Arbeiten mit einer Schere jederzeit genau beaufsichtigen und Ihrem Kind erklären, was bei einer falschen Benutzung passieren kann. Wenn Ihr Kind mit der Schere Unsinn macht, nehmen Sie diese weg und machen Sie später einen neuen Versuch.

Das wird gebraucht

- **Kinderschere (für Linkshänder, wenn Ihr Kind linkshändig ist)**
- **Lineal**
- **DIN-A4-Bogen festes Papier**
- **Behälter zur Aufbewahrung der Papierstreifen**
- **Filzstift**

Los geht's

1 Schneiden Sie das Papier quer in 5 Streifen, ehe Sie Ihr Kind zu sich bitten. Zeichnen Sie mit Lineal und Filzstift mittig auf jedem Streifen eine gerade Linie ein. Legen Sie die Streifen mit der Schere in den Behälter.

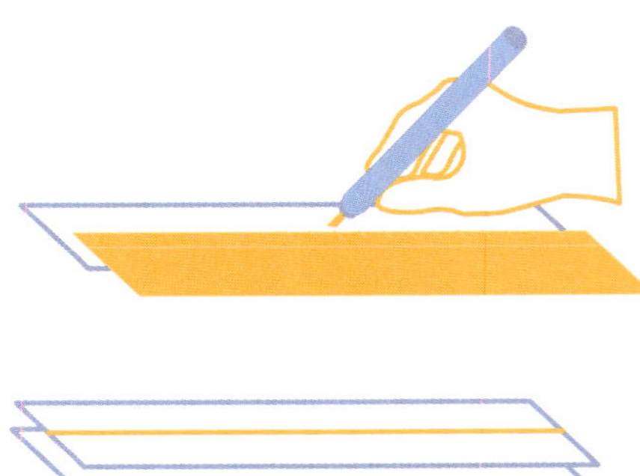

2 Zeigen Sie Ihrem Kind, wie man die Schere richtig hält. (Weil Ihr Kind eine kleinere Hand hat, möchte es vermutlich zwei Finger in das Loch am Griff stecken.) Zeigen Sie Ihrem Kind, wie sich die Schere öffnet und schließt.

3 Nehmen Sie einen Papierstreifen in eine Hand. Schneiden Sie langsam entlang der Linie.

4 Bewegen Sie das Papier, während Sie schneiden, damit Ihr Kind sieht, dass es sich so leichter schneiden lässt. Öffnen und schließen Sie die Schere überdeutlich, damit Ihr Kind erkennt, dass diese Bewegung nötig ist, um das Papier zu schneiden. Zerschneiden Sie einen weiteren Streifen.

5 Legen Sie dann die Schere wieder in den Behälter und geben Sie ihn Ihrem Kind. Bitten Sie es, die restlichen Streifen an der Linie entlang zu zerschneiden.

Lust auf mehr?

Lassen Sie Ihr Kind Bilder ausschneiden, zum Beispiel Tiere oder Fahrzeuge.

Basteln Sie Papierketten. Dazu falten Sie ein Stück Papier wie eine Ziehharmonika und zeichnen eine Figur darauf, bei der Hände und Füße bis an die Kanten reichen. Lassen Sie Ihr Kind die Figur ausschneiden, aber nicht die Hände und Füße an den Faltkanten. Wenn es fertig ist, falten Sie das Papier auf, sodass die Personenreihe zum Vorschein kommt.

76

FAMILIENHÄUSER GESTALTEN

Familie und Freundeskreis sind für kleine Kinder sehr wichtig – nicht nur in sozialer Hinsicht, sondern auch, damit sie ihre eigene Identität und ihren Platz in der Welt finden. Die nächste Übung verdeutlicht Ihrem Kind, wer seine Angehörigen sind und in welcher Beziehung diese zu ihm stehen.

Das wird gebraucht

- **Fotos Ihrer Familie und der entfernteren Verwandtschaft**
- **Kinderschere**
- **Bleistift**
- **Permanentmarker**
- **Vorlage 1 (Seite 176), eventuell mehrere Exemplare**
- **DIN-A4-Papier**
- **Klebestift**
- **Wachsmalstifte, Buntstifte oder Filzstifte**
- **großes Blatt Papier, um die Häuser aufzukleben**

Kopieren Sie die Vorlage auf Seite 176 auf ein DIN-A4-Blatt. Eventuell brauchen Sie mehrere Kopien davon, damit auch die erweiterte Verwandtschaft Platz findet.

Los geht's

1. Legen Sie die Fotos der Kernfamilie, Schere, Bleistift und Marker bereit.
2. Bitten Sie Ihr Kind zu sich.
3. Erklären Sie Ihrem Kind, dass es ein Haus mit allen Familienmitgliedern basteln wird. Zeigen Sie ihm das kopierte Haus.
4. Lassen Sie Ihr Kind ein Foto aussuchen.
5. Markieren Sie mit dem Bleistift den Bereich auf dem Foto, der in eines der Fenster passt.
6. Wenn Ihr Kind das schon kann, darf es den Bleistiftkreis mit dem Permanentmarker nachziehen.
7. Beginnen Sie mit dem Ausschneiden des Fotos und lassen Sie dann Ihr Kind das ganze Foto ausschneiden, wenn es das schon kann.

Fortsetzung auf Seite 168 →

Verwenden Sie auch Fotos von Haustieren, wenn Sie welche haben.

8 Wiederholen Sie Schritt 4 bis 7 mit weiteren Fotos, bis alle engen Angehörigen ausgeschnitten sind.

9 Nehmen Sie ein fotokopiertes Haus und lassen Sie Ihr Kind ein ausgeschnittenes Foto aussuchen.

10 Erklären Sie, dass es entscheiden soll, in welches Fenster das Foto kommt.

11 Dann soll es das Foto mit dem Klebestift bestreichen und in das Fenster kleben.

12 Das wird wiederholt, bis alle Fotos im Haus kleben.

13 Schreiben Sie unter jedes Fenster den Namen der Person auf dem Foto.

14 Lassen Sie Ihr Kind das Häuserbild ausmalen.

15 Wiederholen Sie diese Schritte eventuell mit einem zweiten oder dritten Haus und den Fotos von weiteren engen Familienmitgliedern, wie den Großeltern.

Mit diesem Projekt können Sie sich mehrere Tage beschäftigen.

16 Sie können auch weitere Häuser mit entfernteren Verwandten wie Tanten, Onkel, Cousins und Cousinen usw. gestalten.

17 Wenn alle Häuser komplett sind, könnten Sie diese zusammen auf ein großes Blatt Papier kleben – die Kernfamilie kommt in die Mitte, die anderen Häuser werden darum herum angeordnet.

18 Ziehen Sie Verbindungslinien mit Pfeilen von engen Angehörigen zu entfernteren. Auf diese Linien könnten Sie beispielsweise schreiben: »Haus von Oma und Opa, wir besuchen sie mit dem Auto.« Zu dem Wort »Auto« zeichnen Sie dann ein Auto.

19 Verbinden Sie auf diese Weise alle Häuser der Familie.

20 Ganz oben auf das Blatt Papier können Sie »Meine ganze Familie« schreiben.

Lust auf mehr?

Wenn die gesamte Familie fertig ist, können Sie nach dem gleichen Prinzip Häuser für die Freundinnen und Freunde Ihres Kindes gestalten.

Zeichnen Sie Extrafenster, wenn die vorhandenen nicht ausreichen, oder gestalten Sie einen Garten rund um das Haus, um dort weitere Angehörige unterzubringen.

77

PFLANZEN VERSORGEN

Sobald Kinder die eigene Körperpflege beherrschen, kann man in einem nächsten Schritt die »Pflege« auf einen weiteren Bereich übertragen, zum Beispiel mit dieser Übung »Pflanzen versorgen«, die der natürlichen Fürsorglichkeit Ihres Kindes entspricht. Sie könnten zu Beginn erklären, dass alles, was lebt, Wasser braucht, um zu gedeihen und zu wachsen. Ihr Kind wird sich über die verantwortungsvolle Aufgabe freuen und übt zudem das Gießen.

Das wird gebraucht

- **Spülschüssel oder flacher Eimer**
- **kleine Gießkanne oder Krug**
- **kleine Topfpflanze**

Vor dieser Übung sollte Ihr Kind die Übungen zum Gießen gemacht haben.

Los geht's

1. Erklären Sie Ihrem Kind, dass die Pflanzen heute Wasser brauchen.
2. Stellen Sie Spülschüssel oder den Eimer auf den Tisch und Gießkanne oder Krug dazu.
3. Bitten Sie Ihr Kind, die Pflanze zum Tisch zu tragen und in Schüssel oder Eimer zu stellen.
4. Befühlen Sie die Pflanzenerde und lassen Sie Ihr Kind ebenfalls fühlen, damit es merkt, dass die Erde trocken ist.
5. Füllen Sie das Gießgefäß zur Hälfte mit Wasser. Erinnern Sie Ihr Kind daran, wie man richtig gießt, dann darf es der Pflanze Wasser geben.
6. Lassen Sie die Pflanze abtropfen und gießen Sie dann gemeinsam eine weitere Pflanze.

Lust auf mehr?

Wenn Ihr Kind mit kleineren Pflanzen gut zurechtkommt, lassen Sie es größere gießen, die man nicht tragen kann.

Wenn Sie einen Garten haben, kann es dabei helfen, größere Flächen zu gießen.

ARBEITSBLATT 1

Höhe und Länge erfassen

Schneiden Sie die Stangen entlang der gestrichelten Linien aus.

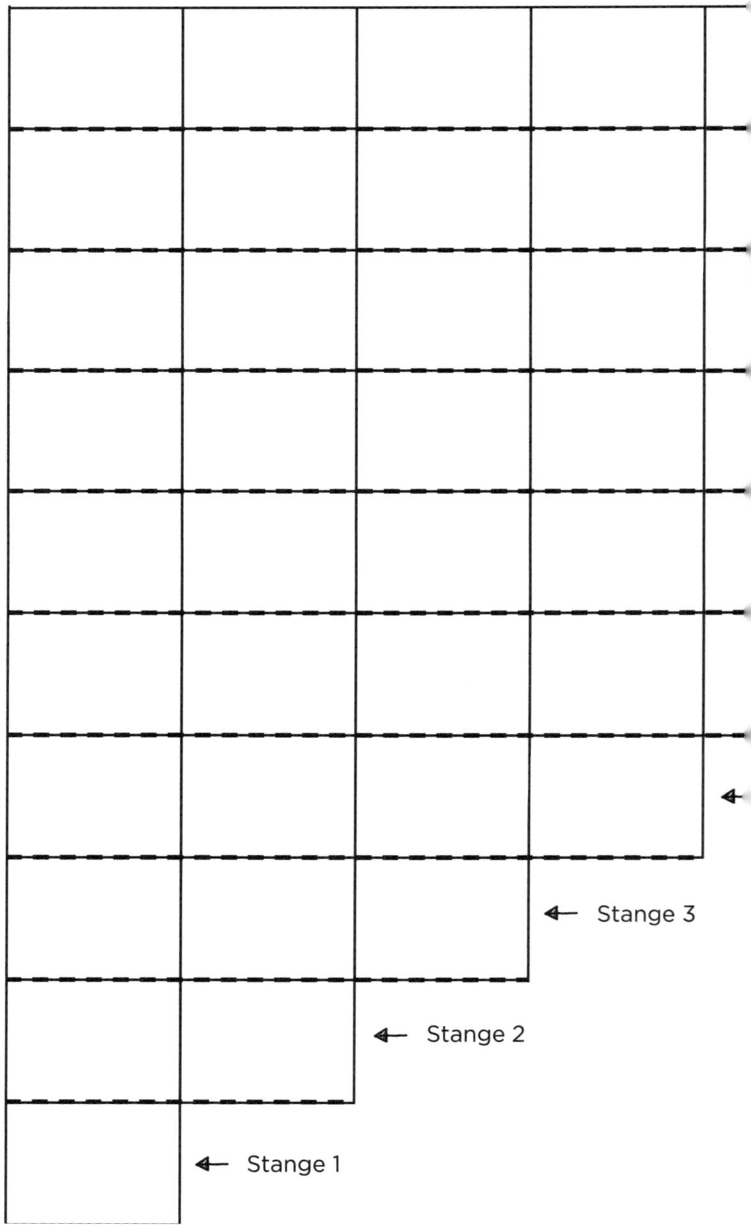

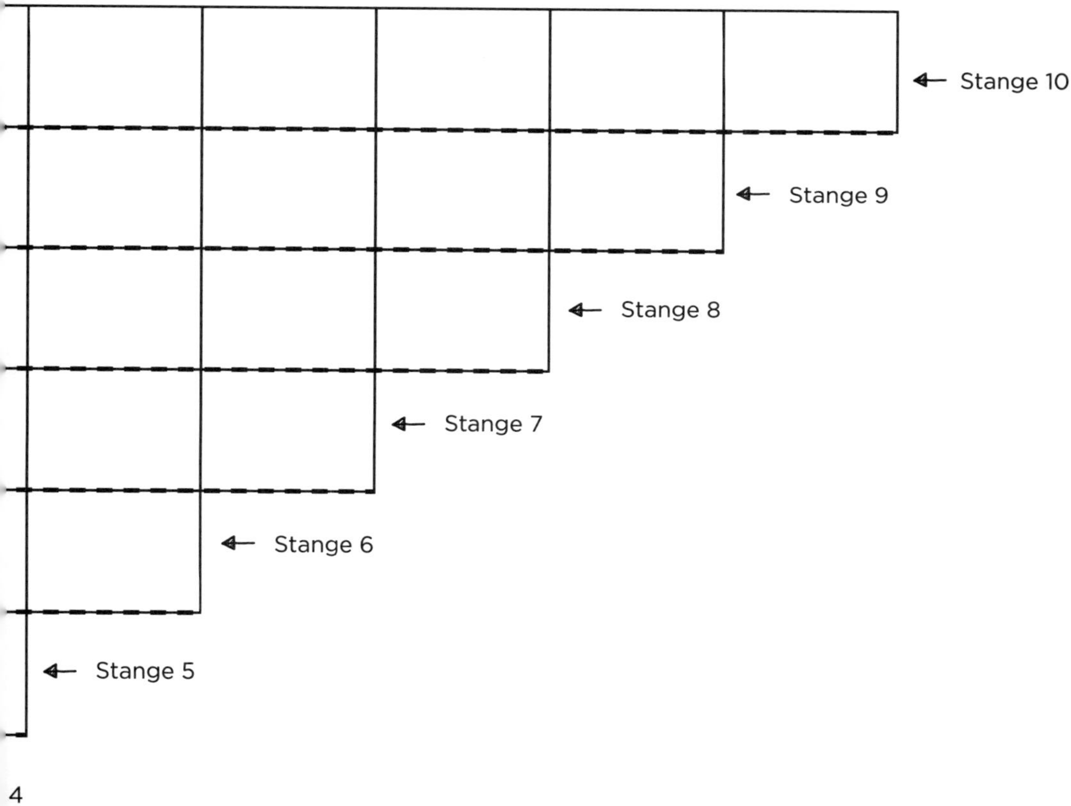
Stange 10
Stange 9
Stange 8
Stange 7
Stange 6
Stange 5
4

ARBEITSBLATT 2

Zweidimensionale Formen

Kreise zuordnen

Quadrate zuordnen

Dreiecke zuordnen

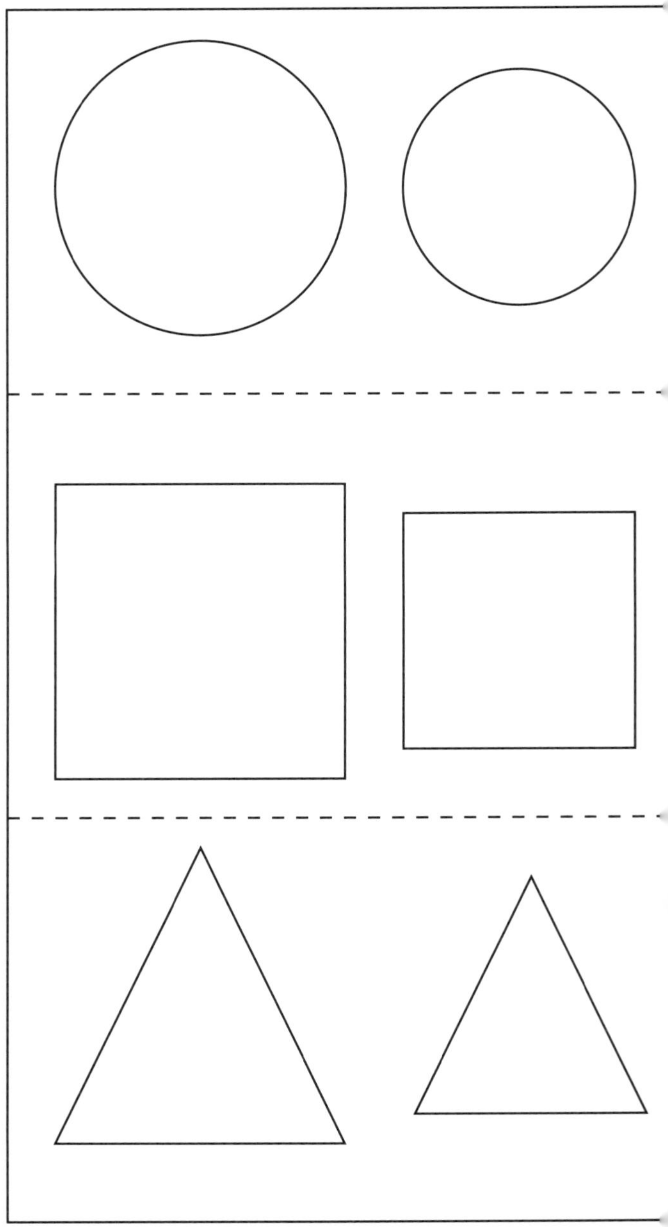

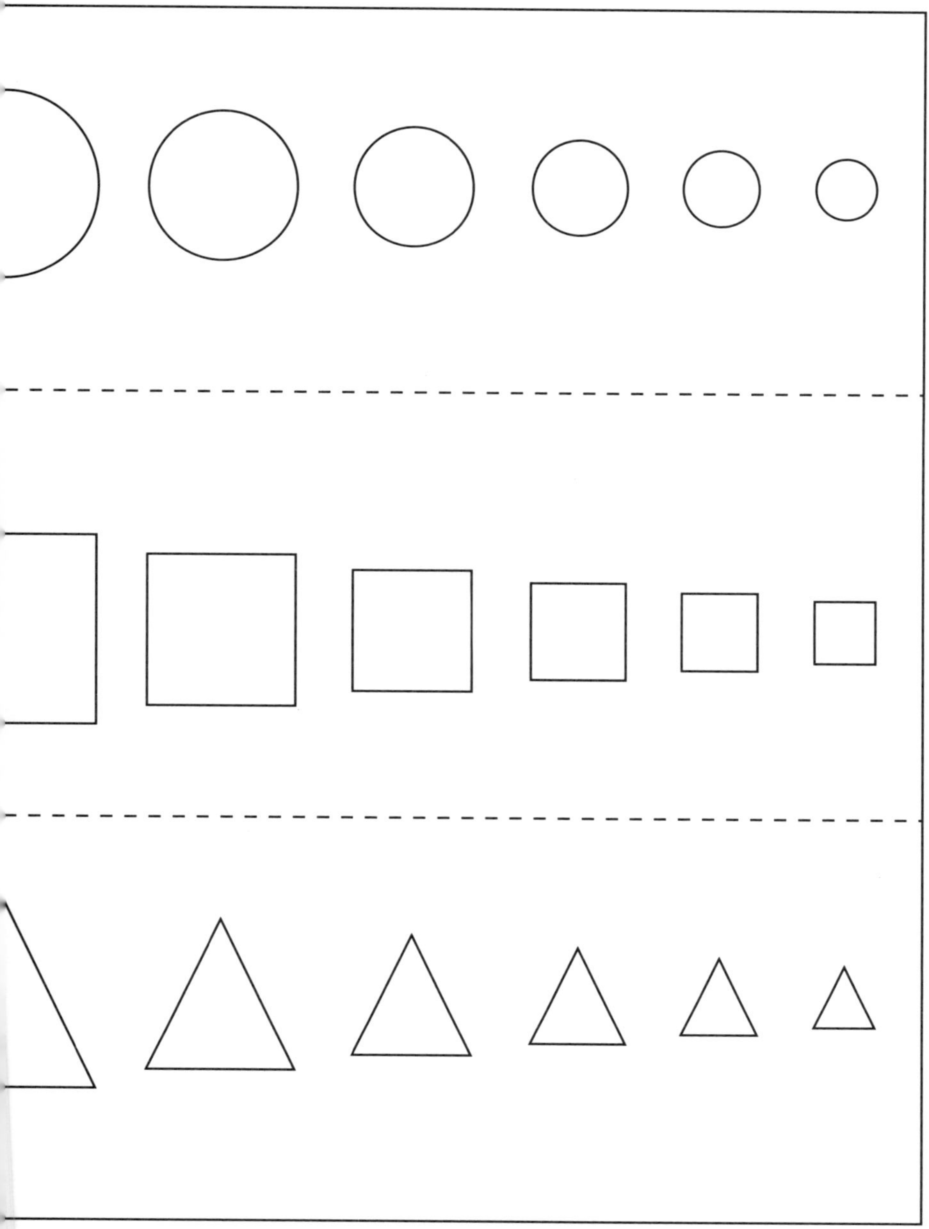

VORLAGE 1

Familie und Freundeskreis

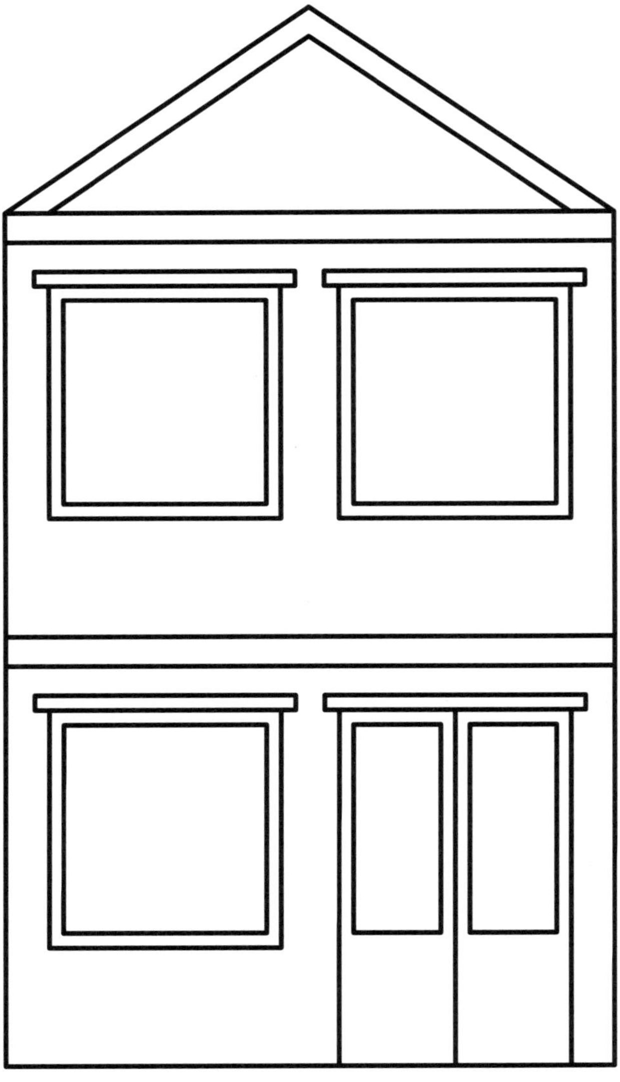